목차

서문 **4**

제1장: 코딩, 미래를 여는 첫걸음 **8**

코딩, 왜 중요한가?
에스토니아 코딩 교육의 성공 요인
에스토니아의 코딩 교육 사례
코딩 교육, 대한민국 입시에 어떤 영향을 미칠까?
코딩으로 키우는 창의적 사고력

제2장: 코딩 교육, 왜 스파이크 에센셜인가? **13**

스파이크 에센셜의 특징과 장점
다른 코딩 교구와의 비교

제3장: 코딩과 STEAM 교육의 만남 **15**

STEAM 교육이란 무엇인가?
코딩을 통한 STEAM 교육의 실현
스파이크 에센셜과 STEAM 교육의 연계

제4장: 스파이크 에센셜로 시작하는 엄마표 코딩 **17**

1단계 미션 - 3층까지 계단오르기 도전! 20
2단계 미션 - 나는야 농구왕 3점슛 도전! 36
3단계 미션 - 우리 동네 스마트 드론 배송 60
4단계 미션 - 축구게임 88
5단계 미션 - 자율주행 우리동네 환경지킴이 108
6단계 미션 - 핀볼게임 120
7단계 미션 - 나만의 행운의 문양 만들기 170

서문

존경하는 대한민국의 부모님들께,

안녕하세요. 저희는 초등학교에서 10여년 간 학생들을 가르치고 있으며, 현재 대학원에서 소프트웨어 및 인공지능 분야의 교육 연구를 하는 대학원생이자 유치원생 아들을 키우고 있는 부모입니다. 코딩 교육의 실질적인 경험과 이론적 배경을 바탕으로, 이 책을 통해 가정에서 누구나 쉽게 자녀들을 교육할 수 있는 방법을 알려드리고자 합니다. 현대 사회에서 코딩은 단순한 기술적인 능력을 넘어서 아이들의 창의력, 문제 해결 능력, 그리고 논리적 사고를 키우는 중요한 도구입니다.

이 책은 특히 부모님들이 코딩에 대해 모른다는 가정하에 쓰였습니다. 코딩에 대한 지식이 없어도 자녀의 코딩 교육에 직접 참여하고 안내할 수 있도록 쉽게 썼습니다. 존경하는 대한민국의 부모님들이 이 책을 통해 코딩의 기본 개념을 이해하고, 자녀와 함께 다양한 코딩 프로젝트를 즐겁게 하게 되는 신기한 경험을 하게 되실 겁니다.

엄마표 코딩은 아래와 같이 구성되어 있습니다:

1. 코딩의 중요성 이해하기: 우리 자녀들이 살아가게 될 현대 사회와 미래 사회에서 코딩 교육이 왜 중요한지에 대해 알려드립니다.

2. 스파이크 에센셜을 활용한 실용적 코딩 교육: 실제 교육 현장에서 활용되는 레고 스파이크 에센셜을 사용한 코딩 교육에 대해 소개합니다.

3. 부모와 아이가 함께하는 코딩 미션: 스파이크 에센셜을 활용해 가정에서 쉽게 따라 할 수 있는 코딩 미션을 제공합니다.

4. 가정에서 코딩 교육을 지원하는 방법: 부모님들이 가정에서 어떻게 자녀의 코딩 교육을 효과적으로 지원할 수 있는지에 대해 다양한 방법을 제시합니다.

이 책은 부모님들이 코딩 교육에 필요한 기본적인 지식을 습득하고, 가정 속에서 활용할 수 있는 구체적인 예시와 안내를 제공합니다. 코딩 교육에 대한 전문적인 지식이 없어도, 이 책을 따라 하시면 자녀에게 코딩의 기본 원리를 가르치고, 실제로 코딩 교육을 하는 데 큰 도움이 될 것입니다.

엄마와 함께 놀이로 배우는

엄마표 코딩 첫 걸음

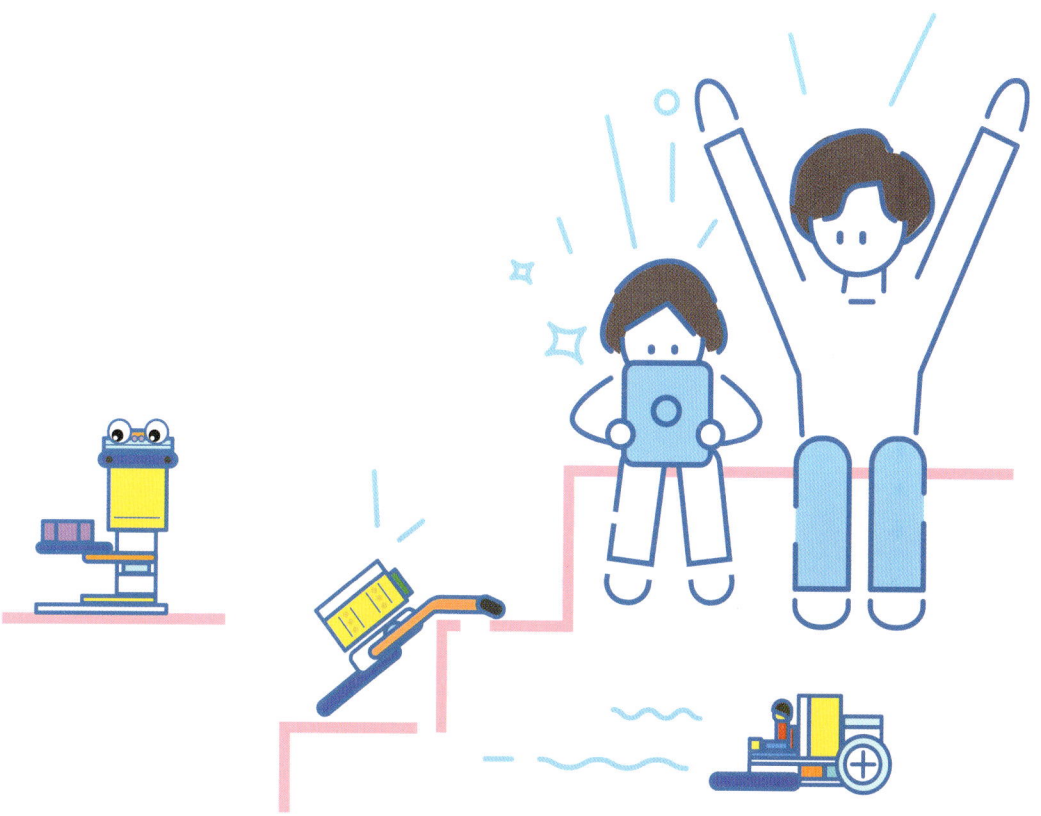

제1장 코딩, 미래를 여는 첫걸음

코딩(Coding)이라는 단어에서 여러분은 무엇을 떠올리시나요? 코딩의 사전적 의미는 알고리즘을 컴퓨터가 알 수 있는 언어로 입력해주는 것입니다. 영화 아이언맨에서 동굴 속에 갇혀 있던 토니 스타크는 마크 1이라는 슈트를 입으며 함께 갇혀 있던 동료가 컴퓨터에 명령어를 입력하도록 하는데, 이는 미리 슈트를 움직이게 하는 프로그램을 코딩해 놓고 슈트와 프로그램을 연결하는 작업이었습니다. 즉 코딩은 일정한 조건에 따라 움직이는 알고리즘입니다.

코딩은 복잡한 컴퓨터 언어, 어렵고 멀게만 느껴지는 기술로 느껴질 수 있지만 사실 우리 아이들이 미래의 세계를 자신 있게 살아갈 수 있는 열쇠입니다. 아이가 올해 1학년이 되면, 2036년에 대학에 입학해 현재와는 근본적으로 다른 세계에 살게 됩니다. 이 때문에 아이들이 기술의 빠른 진화에 적응할 수 있도록 미래를 대비시키는 것이 중요합니다. 이 장에서는 코딩 교육이 단순한 기술 습득을 넘어, 우리 아이들의 삶에 어떤 긍정적인 변화를 가져올 수 있는지 알아보겠습니다.

코딩, 왜 중요한가?

스티브 잡스, 마크 저커버그, 버락 오바마, 빌 게이츠와 같은 글로벌 리더들은 한결같이 '코딩'이 미래 사회의 핵심 키워드라고 말합니다.

> "모든 사람들은 코딩을 배워야 한다. 코딩은 '생각하는 법'을 가르쳐 준다." <스티브 잡스>
> "다음 세대는 프로그래밍을 '읽기와 쓰기'처럼 가르치고 있을 것이다." <마크 저커버그>
> "코딩을 배우는 건 '여러분의 미래'는 물론 '조국의 미래'에도 매우 중요한 일이다." <버락 오바마>
> "코딩은 분야에 상관없이 모든 문제에 대해 새로운 해결책을 생각해내는 힘을 길러준다." <빌 게이츠>

이렇듯 세계 유명 인사들이 코딩 학습의 중요성을 강력하게 강조하는 이유는 무엇일까요? 오늘날, 코딩은 단순한 컴퓨터 언어 이상의 것입니다. 코딩은 문제를 해결하는 방식, 즉 사고의 전환을 의미합니다. 우리 아이들이 코딩을 배움으로써 논리적 사고와 창의적인 해결책을 찾는 방법을 배울 수 있습니다. 이것은 수학, 과학뿐만 아니라 모든 학습에 긍정적인 영향을 미칩니다. 한 연구에 따르면, 코딩 교육을 받은 아이들은 문제 해결 능력과 창의성에서 더 높은 성과를 보였다고 합니다.

에스토니아 코딩 교육의 성공 요인

전 세계적으로 코딩 교육의 모범 사례로 꼽히는 북유럽의 작은 나라 에스토니아를 아시나요? 에스토니아는 최근 우리나라에서도 KBS의 명견만리, EBS의 코딩 교육 프로그램 등에서 소개되었습니다. 코딩 교육을 교과와 접목시켜 PISA(세계학업성취도평가)에서 2019년 1등을 차지한 이후로 지속적으로 상위권을 차지하고 있는 이 작은 나라는 어떻게 코딩을 교육의 중심에 두었을까요? 에스토니아에서는 아이들이 유치원 때부터 코딩을 정규 교과로 배우면서 친숙해집니다. 코딩은 단순한 기술이 아니라, 창의적인 표현의 수단으로 여겨집니다. 에스토니아의 학교에서는 학생들이 코딩을 통해 자신의 아이디어를 실현하는 방법을 배우게 하며, 이는 아이들의 창의력과 자신감을 키우는 데 크게 기여합니다.

에스토니아의 코딩 교육 사례

에스토니아는 학교 교육을 통해 길러야 할 핵심 역량으로 디지털 역량을 강조할 뿐만 아니라 국가 미래 핵심 산업으로 정보통신 기술을 선정하고 관련 정책들을 적극적으로 추진해 오고 있습니다. 에스토니아 정부는 소프트웨어 교육을 통한 국가경쟁력 확보를 목표로 1996년 2월 '타이거 립 파운데이션'을 세우고, 학교에 최신 정보통신기술(ICT)을 우선으로 갖추고 소프트웨어 교육을 실시하게 됩니다. 그리고 마침내 2012년, 학년별 맞춤형 코딩 교육 프로그램인 '프로게 티게르'(proge Tiiger, 프로그램 호랑이)를 정규교과 과정에 도입하였습니다. 이에 따라 1-12학년 전반에 걸친 프로그래밍 교육을 시행하고 있습니다. '프로게 티게르'는 기존의 정보 활용 교육에서 벗어나 문제 해결을 통한 학생의 창의성 신장과 융합적 사고력 증진에 초점을 둡니다. 특히 초등단계에서의 소프트웨어 교육의 중요성을 강조하여 초등학교 1학년 단계에서도 학습할 수 있는 계열화된 프로그래밍 교육과정을 제공하고 있습니다.

초등학생인 1~4학년은 게임이나 그래픽 기반의 프로그래밍 언어를 사용해 문제 해결 과정을 프로그래밍으로 간단하게 구현하며 프로그래밍에 친숙해지는 단계입니다. 특히 진도를 쫓아오지 못하는 아이들을 대상으로 여러 색이 칠해진 'Color Code'를 이용해 좀 더 직관적으로 쉽게 코딩을 가르치기도 합니다. 5~9학년부터는 레고 로봇과 같은 구체물을 활용한 피지컬 컴퓨팅이 시작되는데, 텍스트 기반의 프로그래밍이 익숙해진 후에는 웹사이트의 프로그래밍 및 웹 프로그램 제작 활동을 합니다. 10~12학년인 고교 단계에서는 실제적인 프로그래밍 활동에 참여하도록 하여 전문적 프로그래밍 활동이 직업교육과 연계될 수 있도록 하고 있습니다. 즉 '프로게 티게르'와 같은 에스토니아의 소프트웨어 교육은 학생의 흥미를 기반으로 사고력 향상과 문제해결력 신장에 초점을 두며, 실생활과의 연계를 강조합니다. 프로그래밍에 방점을 둔 교육의 목적은 프로그래머를 길러내고자 하는 것이 아니라, 학생들이 최신의 정보 기술을 활용할 수 있는 여건을 조성하고 이해를 도움으로써 관련 직업 선택의 기회와 학습에 대한 즐거움을 갖도록 하는 데 있습니다.

학년	교육 내용
1~4학년	• 프로그래밍에 친숙해지기 • 키보드와 마우스를 사용하는 방법을 배우기 • 논리적 추론과 사고 과정이 포함된 게임을 통해 친숙해지기 • 그래픽 기반의 프로그래밍 언어 사용하기 • Kodu, Logo, Scratch 등 프로그래밍 언어 사용하기
5~9학년	• 레고 로봇 활용하기 • 그래픽 기반의 레고 로봇 프로그래밍 언어인 NXT-G에서 텍스트 기반의 프로그래밍 언어인 NXC로 전이하기 • 웹 기반 프로그래밍 언어 활용하기 • 웹사이트 및 웹 프로그램 개발하기
10~12학년	• 웹 기반 프로그래밍 언어 활용하기 • 웹사이트 및 웹 프로그램 개발하기

<출처: 신승기, 배영권 (2015). 에스토니아의 소프트웨어 교육 정책 분석>

코딩 교육, 대한민국 입시에 어떤 영향을 미칠까?

대한민국 학부모님들에게 입시는 언제나 중요한 화제입니다. 코딩 교육이 입시에 미치는 영향은 어떨까요? 2024년 초등 1,2학년부터 적용되기 시작하여 2027년에 초, 중, 고 전체로 확대될 2022 개정 교육과정에서는 정보교육 시간이 의무적으로 확대되고, 코딩과 인공지능 교과가 확충되며 다른 교과 학습에도 관련 기술을 활용하는 등 디지털 교육이 강화됩니다. 또한 각 대학에서도 소프트웨어 특기자 전형을 따로 마련하고 있어 소프트웨어, 정보를 특기로 각종 대회나 입시를 준비하는 학생들도 늘고 있습니다.

이뿐만 아니라 코딩을 통해 아이들은 논리적 사고와 문제 해결 능력을 키울 수 있으며, 이는 곧 수학, 과학 등의 과목에서 더 나은 성적으로 이어질 수 있습니다. 코딩은 단순히 기술적인 능력의 습득이 아닙니다. 잘 짜여진 코딩 교육은 수학적 사고력, 과학적 사고력을 증대시킵니다. 또한, 창의력과 협업 능력의 중요성이 점차 강조되는 만큼, 이러한 능력은 미래의 대학 입시에서도 중요한 평가 요소가 될 것입니다.

코딩으로 키우는 창의적 사고력

코딩 교육은 아이들에게 단순한 지식 전달을 넘어, 창의적인 사고를 할 수 있는 능력을 길러줍니다. 아이들은 자신만의 게임을 만들거나 앱을 개발하는 과정에서, 아이디어를 현실로 만들어내는 경험을 합니다. 이러한 경험은 아이들이 스스로 생각하고, 독창적인 해결책을 찾는 데 큰 도움이 됩니다.

코딩에 사용되는 개념의 상당수가 수학적 원리에 기반을 두고 있습니다. 코딩의 핵심은 컴퓨터가 무엇을 해야 하는지 알려주는 알고리즘을 만드는 것입니다. 이러한 알고리즘은 종종 덧셈, 뺄셈, 곱셈, 나눗셈과 같은 수학적 계산과 논리뿐만 아니라 행렬, 그래프 이론, 확률과 같은 더 복잡한 개념을 포함하고 있습니다. 코딩을 즐기고 습득의 속도가 비교적 빠른 학생들은 수학적 사고력이 뛰어나다는 것을 확인할 수 있습니다.

과학적 사고에는 여러 가지가 있습니다. 그중 가장 중요하다고 생각하는 것 한 가지가 바로 귀납적 사고입니다. 귀납적 사고는 사례를 관찰하여 일반화하는 능력을 뜻하며 이것은 사실 알고리즘 푸는 것 그 자체라고 할 수 있습니다. 문제를 이해해서 풀이인 코드를 작성하는 것, 거기에 바로 귀납적 사고가 계속해서 들어갑니다. 문제에서 제시된 예시(사례)를 하나씩 풀고, 그 예시에서 일반화된 원리를 계속 생각해내면서 과학적 사고력은 자연스럽게 길러지게 됩니다.

세계 각국은 STEAM, 코딩 교육을 미래 사회를 이끌 핵심 교육이라고 정의하고 있습니다. 그러나 시중에 나온 로봇이나 여러 코딩프로그램을 보면서 '과연 로봇을 조립하고 작동시켜보는 단순한 프로그램으로 아이들이 생각하는 힘을 기를 수 있을까'라는 의문이 들었습니다. 이러한 프로그램은 일회성으로 끝날뿐 아니라 사고력의 확장으로 이어지지 않기 때문입니다. 또한 문제를 해결하는 과정이 지나치게 단순하게 제시되어 창의력과 문제 해결력이 길러지기 힘듭니다.

코딩 교육의 핵심은 코딩이 주가 되는 것이 아닌 코딩을 통해 생각하는 방법, 생각한 것을 실현하는 방법을 배우는 것입니다. 저자는 아이들의 특성을 잘 이해하고, 아동 발달에 대해 잘 알고 있기 때문에, 교육 현장에 적용해본 경험을 통해 기존의 코딩 교육과는 다른 교육 패턴의 코딩프로그램을 개발하기로 하였습니다. 이 책에서는 놀이를 통해 코딩 기술을 아는 것뿐만 아니라 고차원적인 사고력을 키워주고자 하였습니다. 또한 초등학교에서 배우는 수학, 과학 내용도 다루어 아이들이 자연스럽게 수학적 개념을 익히고 과학적 원리를 깨우치게 하였습니다. 동시에 아이들이 다양한 상황에서 실제로 문제를 해결하고, 스스로 창의적인 프로그램을 만들 수 있게 하였습니다.

존경하는 부모님들께서 코딩 교육의 중요성을 이해하고, 자녀들이 미래 사회에서 필요한 기술을 갖출 수 있도록 돕는 첫걸음을 내딛을 수 있기를 바랍니다.

제 2 장 코딩 교육, 왜 스파이크 에센셜인가?

코딩 교육을 시작하려고 할 때, 가장 막연하게 떠오르는 생각은 도대체 '어떤 교구를 사용해야 할까?'입니다. 그리고 교구를 구입하더라도 사용법을 익히는 과정이 어렵게 느껴집니다. 선뜻 가정에서 코딩을 교육하기 꺼려지게 만드는 이유입니다. 이 장에서는 왜 스파이크 에센셜(SPIKE Essential)이 초등학생을 위한 최적의 코딩 교구인지에 대해 자세히 알아보겠습니다. 스파이크 에센셜은 코딩 교육을 시작하는 이들에게 가장 쉽고, 가장 창의적이고, 가장 재밌는 코딩 교구입니다. 스파이크 에센셜을 시작하는 아이들은 '코딩을 배운다"라는 개념이 아닌, '코딩을 하며 놀이한다'라는 개념으로 코딩을 접근하게 되며, 이러한 과정을 통해 아이들은 훨씬 자연스럽게 다양한 역량을 기를 수 있습니다.

스파이크 에센셜의 특징과 장점

스파이크 에센셜은 초등학생을 위해 특별히 설계된 코딩 교구로, 아이들이 코딩을 재미있고 쉽게 배울 수 있도록 도와줍니다. 이 교구는 색깔과 모양이 다양한 블록으로 구성되어 있어, 아이들이 손쉽게 조립하고 분해할 수 있습니다. 또한, 스파이크 에센셜은 간단한 드래그 앤 드롭 방식의 코딩 언어를 사용하여, 아이들이 복잡한 코드 작성 없이도 코딩의 기본 개념을 이해할 수 있게 도와줍니다. 또한 스파이크 에센셜 앱의 커리큘럼을 그대로 따라하기만 해도 기본적인 코딩 언어에 대해 재밌게 배울 수 있습니다.

다른 코딩 교구와의 비교

현재 시중에는 다양한 코딩 교구가 있지만, 스파이크 에센셜은 몇 가지 중요한 면에서 차별화됩니다. 예를 들어, 일반적인 로봇 코딩 교구는 종종 복잡한 조립 과정과 어려운 코딩 언어로 인해 아이들이 쉽게 포기하게 만들기도 합니다. 반면, 스파이크 에센셜은 간단하고 직관적인 인터페이스를 제공하여, 아이들이 코딩의 기초를 빠르게 습득하고 재미를 느낄 수 있도록 하므로 코딩 교육을 처음 시작하는 아이들에게 이상적인 교구입니다.

스파이크 에센셜은 사용의 용이성, 유연성, 교육적 효과 면에서 다른 코딩 교구들과 비교했을 때 독특한 장점을 가지고 있습니다. 다른 교구들이 제공하는 단편적인 코딩 경험과 달리, 실제 세계의 문제를 제시하고 해결하는 데 필요한 다양하고 창의적인 접근 방식을 제공합니다. 이러한 접근 방식은 학생들이 코딩뿐만 아니라, 프로젝트 기획, 협업, 그리고 비판적 사고와 같은 다양한 기술을 배우는 데 도움을 줍니다.

또한, 아이들의 창의력과 문제 해결 능력을 키우는 데 중점을 두고 있어, 단순한 기술 습득을 넘어서 아이들이 미래에 필요한 핵심 역량을 습득하는 데 적합합니다. 이 교구를 선택함으로써, 학부모님들은 자녀들이 코딩 교육을 통해 더 밝은 미래를 준비할 수 있도록 도와줄 수 있습니다.

제 3 장 코딩과 STEAM 교육의 만남

STEAM 교육이란 무엇인가?

　STEAM 교육은 학생들에게 과학, 기술, 공학, 수학의 중요성을 가르치는 동시에 이들 분야의 통합적인 이해를 증진시키는 교육 방식입니다. 이러한 교육은 아이들이 현대 사회에서 필요한 다양한 기술을 습득하고, 복잡한 문제를 해결하는 데 필요한 비판적 사고력과 창의력을 기르는 데 중점을 둡니다. 예를 들어, 기후 변화와 같은 실제 문제를 해결하기 위해 과학적 원리를 이해하고, 수학적 모델을 구축하며, 기술적 솔루션을 개발하는 과정에서 아이들은 실생활에 직접 적용할 수 있는 지식을 습득합니다.

코딩을 통한 STEAM 교육의 실현

　코딩은 학생들이 STEAM 분야의 지식을 실제로 적용해 볼 수 있는 매우 효과적인 수단입니다. 학생들은 코딩을 통해 컴퓨터 언어를 배우고, 이를 사용하여 창의성을 발휘해 자신들의 아이디어를 현실화합니다. 예를 들어, 자율주행차 프로젝트에서 학생들은 초음파 센서를 이용해 거리를 조절하고 컬러 센서를 이용해 제시된 지형에서 자율적으로 작동하는 자동차를 설계하고 프로그래밍합니다. 이 과정에서 아이들은 코딩뿐만 아니라 프로젝트 관리, 협업, 그리고 창의적 문제 해결과 같은 중요한 기술을 습득하게 됩니다.

스파이크 에센셜과 STEAM 교육의 연계

　스파이크 에센셜은 다양한 센서와 모터, 쉬운 사용자 인터페이스를 갖추고 있어 학생들이 쉽게 접근할 수 있으며, 창의적이고 혁신적인 프로젝트를 실현할 수 있게 해줍니다. 이를 통해 학생들은 기술의 기본 원리를 이해하고,

실제 문제를 해결하는 데 필요한 기술을 개발합니다. 스파이크 에센셜을 사용한 교육 프로그램은 학생들이 직접 손으로 만지고, 실험하며, 창조하는 경험을 제공함으로써 STEAM 교육의 핵심 목표를 달성합니다. 학생들은 이러한 교육을 통해 수학적 사고력과 과학적 사고력, 문제해결력이 향상되는 경험을 할 수 있으며 미래 사회에 필수적인 역량을 기를 수 있습니다. 일반적으로 생각하는 공부는 개념적인 부분을 학습하고 문제를 통해 확인하는 과정이 필요하므로, 학생들이 성취감을 얻기까지 오랜 시간이 걸립니다. 스파이크 에센셜은 직접적인 조작활동을 통해 결과를 바로 확인하고 시행착오를 거쳐 목표에 도달하기 때문에 엄청난 몰입감을 제공합니다. 그리고 목표에 도달하기 위해 끊임없이 도전하게 만듭니다.

제 4 장 스파이크 에센셜로 시작하는 엄마표 코딩

엄마표 코딩의 가장 중점을 둔 점은 자녀들이 코딩에 흥미를 느낄 수 있어야 한다는 것입니다. 단순히 조립하고 프로그래밍하고 끝나는 활동은 일회적으로 끝날 수 있습니다. 물론 조립하는 과정과 안내된 코딩을 따라하는 것만으로도 충분히 아이들은 재밌어하고 즐거워합니다. 하지만 아이들의 생각하는 힘을 키워주기 위해서 아이들이 몰입할 수 있는 다양한 미션을 제시하여야 합니다. 학교에서 아이들을 대상으로 스파이크 에센셜 수업을 진행할 때도 학생들에게 직관적으로 이해할 수 있는 미션을 주었을 때, 학생들이 가장 재밌어하고 몰입하였습니다. 즉 어떠한 모형을 만들기 위해 지나치게 어려운 조립도를 제시해서 조립을 고민하지는 않게 하는 것입니다.

아이들에게는 총 7단계의 미션이 제시됩니다. 각 단계에서 별 3개 이상을 획득해야 다음 미션으로 넘어갈 수 있습니다. 각 단계의 미션은 책에 안내된 레고 조립과 코딩을 똑같이 따라한다면 별 1개를 얻을 수 있습니다. 다음 단계로 넘어가기 위해서는 레고 조립을 보완하고 코딩을 수정해야 합니다. 단순히 레고를 조립하고 기기가 원하는대로 작동하는 것을 보고 끝나버리면 학생들의 창의력과 문제해결력을 키우기 어렵습니다. 기본적인 단계인 별 1개까지는 안내를 하고 나머지 점수를 얻기 위해 노력하는 과정에서 학생들은 몰입을 경험할 수 있고 진정한 코딩 교육의 진수를 맛볼 수 있습니다.

예를 들어 책에 제시된 1단계는 [3층까지 계단오르기 도전!] 미션입니다. 책 7권을 이용해 1층은 1권, 2층은 2권, 3층은 4권으로 계단처럼 만들어 놓습니다. 책에서 제시된 조립과 코딩을 그대로 따른다면 1층까지 계단오르기는 성공합니다. 별 1개를 획득하는거죠. 하지만 다음 단계로 넘어가기 위해서는 3층까지 올라가야 합니다. 아이들은 고민을 하기 시작합니다.

'모터가 달린 앞발을 조금 더 길게 만들어볼까?', '앞발에 고무링이 끼워져 있는데 고무링을 하나씩 더 달아서 마찰력을 높여볼까?', '높은 곳을 오를 때 자꾸 뒤로 넘어지는데 뒷부분을 조금 더 길게 만들어볼까?', '코딩을 수정해서 속도를 조금 낮춰볼까?', '코딩을 수정해서 속도를 더 높여볼까?'

정답은 없습니다. 아이들은 별 3개 이상을 얻기 위해 3층까지 계단 오르기 도전을 성공해야 하고 조립과 코딩을 수정하면서 다양한 방법들을 사용해 창의적으로 문제를 해결하게 될 것입니다. 미션이 간결하게 제시 되었지만 별 3개 이상의 목표를 달성하기는 생각보다 쉽지 않습니다. 그리고 이러한 난이도는 책의 저자가 아이들이 가장 몰입할 수 있을 정도로 설정해놓은 것입니다. 많은 시행착오를 겪어야 하기 때문에 아이들은 하나의 목표를 달성하기 위해 엄청난 몰입을 경험하게 됩니다.

다시 한번 강조하지만 코딩 교육의 핵심은 몰입입니다. 그러나 단순히 스파이크 에센셜이라는 교구를 던져준다고 몰입이 일어날 수 있을까요? 그렇지 않습니다. 기본적인 환경을 만들어주고 플러스 알파의 미션을 깰듯 말 듯하게 제시해야 몰입이 자연스럽게 일어납니다. 그리고 단계적으로 미션을 제시하고 점수를 이용해 성과를 확인할 수 있게 한다면 아이들은 코딩을 배운다는 느낌보다는 정말 재밌는 놀이 이상으로 생각할 것입니다.

총 7단계의 미션은 많은 고민의 결과물입니다. 각 단계마다 중점적으로 배우게 되는 코딩도 다릅니다.

1단계 [3층까지 계단오르기 도전!] 미션은 레고 조립의 수정에 초점이 맞춰져 있습니다. 코딩은 단순합니다. 하지만 조립된 로봇의 모양을 바꿔야 합니다. 제시된 조립만으로는 별 1개 밖에 얻을 수 없습니다. 자연스럽게 아이들은 마찰력의 원리와 무게중심의 원리를 고려할 수 밖에 없습니다. 이러한 활동으로 학생들은 과학적 사고력과 수학적 사고력을 키울 수 있습니다.

2단계 [나는야 농구왕 3점슛 도전!] 미션은 조립과 코딩 둘 다 중요합니다. 주어진 조립도에 맞춰서 슛기계를 제작하고 작동시킵니다. 제시된 조립과 코딩으로는 공이 멀리 날아가지 못하기 때문에 3점슛 밖에 성공하지 못합니다. 아이들은 4점슛을 성공하기 위해 조립을 변경하거나 코딩을 수정해야 합니다. 이러한 활동을 통해 작용 반작용의 원리, 관성, 거리에 대한 양감 등 다양한 과학적 사고력과 수학적 사고력을 높일 수 있습니다.

3단계 [우리 동네 스마트 드론 배송] 미션은 주어진 기본 모델에 나의 아이디어를 더하여 발전시켜보는 것에 초점이 맞춰져 있습니다. 아이들은 빠른 시간 내에 더 많은 택배를 옮기기 위해 모델을 수정하고 개선하는 활동을 하게 됩니다.

4단계 [축구게임] 미션은 잠시 쉬어가며 재미를 느낄 수 있도록 설계되었습니다. 제시된 조립과 코딩을 그대로 유지해도 3단계까지는 통과할 수 있지만, 골키퍼의 움직임을 고려하지 않고 무작정 슛을 하면 성공하기 어렵습니다. 아이들은 창의성을 발휘해 골키퍼의 움직임을 더욱 변칙적으로 코딩할 수 있으며, 이를 통해 축구게임에 몰입하게 될 것입니다.

5단계 [자율주행 우리동네 환경지킴이] 미션에서 아이들은 자연스럽게 기기를 움직이는 코딩을 익히게 됩니다. 상하좌우, 좌회전, 우회전 명령어를 익히고 쓰레기를 한꺼번에 여러 개 옮기기 위해서 기기를 수정하거나 코딩을 수정해야 합니다. 이를 통해 아이들은 수학적 사고력인 거리와 각도에 대한 양감도 키울 수 있습니다. 쉬운 코딩을 익힘으로써 스파이크 에센셜과 친해질 수 있습니다. 단순하게 보이지만 시행착오를 많이 겪어야 하는 미션이기 때문에 생각보다 많은 시간이 소요됩니다. 포기하지 않는다면 코딩의 즐거움에 흠뻑 빠져들 수 있을 것입니다.

6단계 [핀볼게임] 미션은 뛰어난 동체 시력과 반사 신경이 필요합니다. 아이들은 1분 안에 최대한 많은 점수를 획득하기에 도전합니다. 제시된 조립도를 변경해 나만의 핀볼게임 맵을 만들거나, 코딩을 수정해 난이도를 높이는 것도 가능합니다. 스파이크 에센셜로 직접 만든 핀볼게임은 높은 성취감과 재미를 선사할 것입니다.

7단계 [나만의 행운의 문양 만들기] 미션은 외부 사물을 활용하는 데 중점을 둔 활동입니다. 스파이크 에센셜과 색칠할 수 있는 펜을 결합해, 두 개의 모터 움직임을 조절하며 나만의 문양을 만들어보는 과정입니다. 이 활동을 통해 외부 사물과 상호작용하며 사고의 확장을 경험할 수 있습니다.

> **1단계 미션**

3층까지 계단오르기 도전!

다음 이야기에 등장하는 '심부름 로봇'을 함께 만들고, 미션 해결에 도전해 보세요.

개구리 로봇은 계단 아래에 서서 심부름을 시작하기 위해 준비하고 있습니다.

개구리 로봇은 기계 다리를 이용해 계단을 오르기 시작합니다. 로봇은 한 계단씩 뛰어오르며 진지하게 임무를 수행하고 있습니다.

로봇은 2층에 도착하여 잠시 멈추고, 마지막 계단을 바라보며 다시 도전할 준비를 합니다.

마침내 개구리 로봇은 3층에 도착하여 임무를 성공적으로 완수합니다. 로봇은 소포나 편지를 기쁘게 전달하며 행복을 느낍니다.

심부름 로봇

다음 조립 가이드에 따라 '심부름 로봇'을 조립하세요.

1

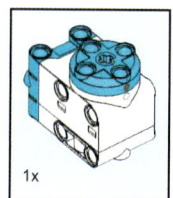

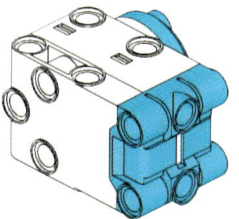

2

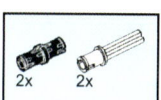

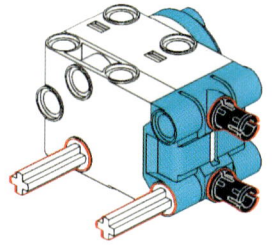

조립가이드 심부름 로봇

3

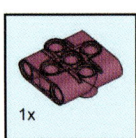

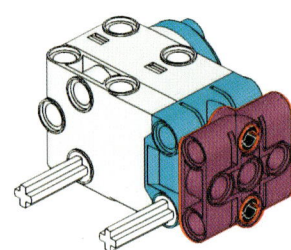

4

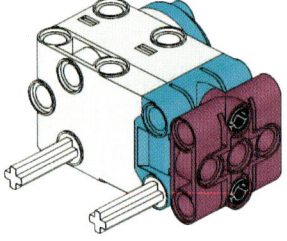

조립가이드 심부름 로봇

5

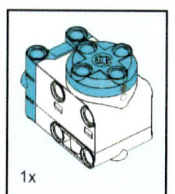

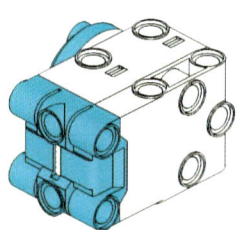

6

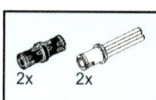

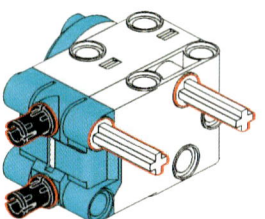

조립가이드 심부름 로봇

7

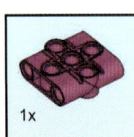

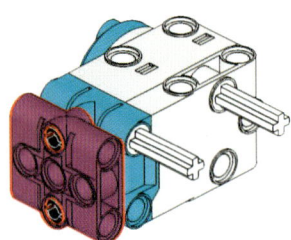

8

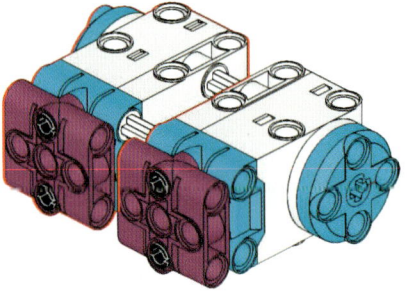

조립가이드 심부름 로봇

9

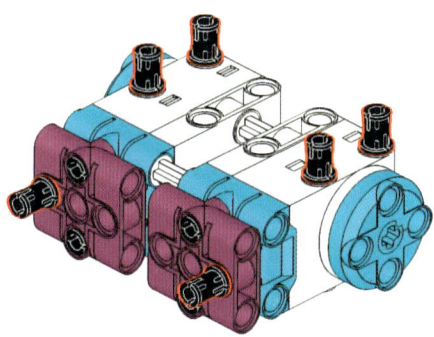

10

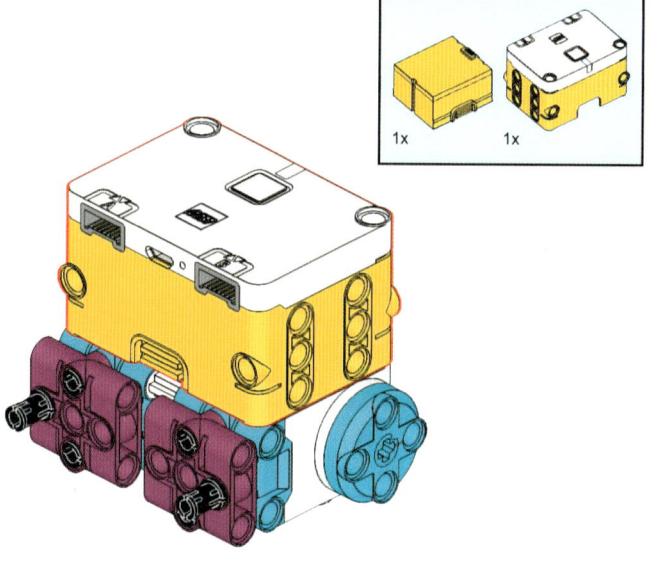

| 조립가이드 | **심부름 로봇**

11

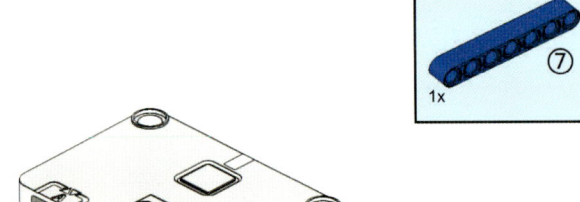

12

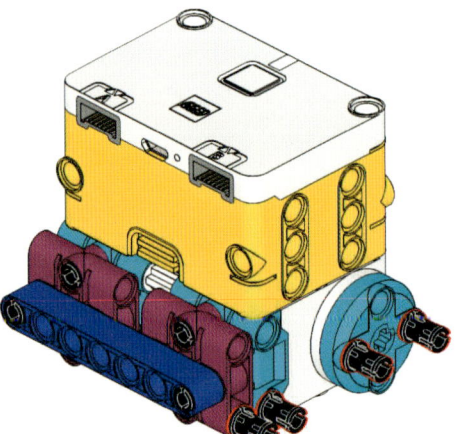

조립가이드 **심부름 로봇**

13

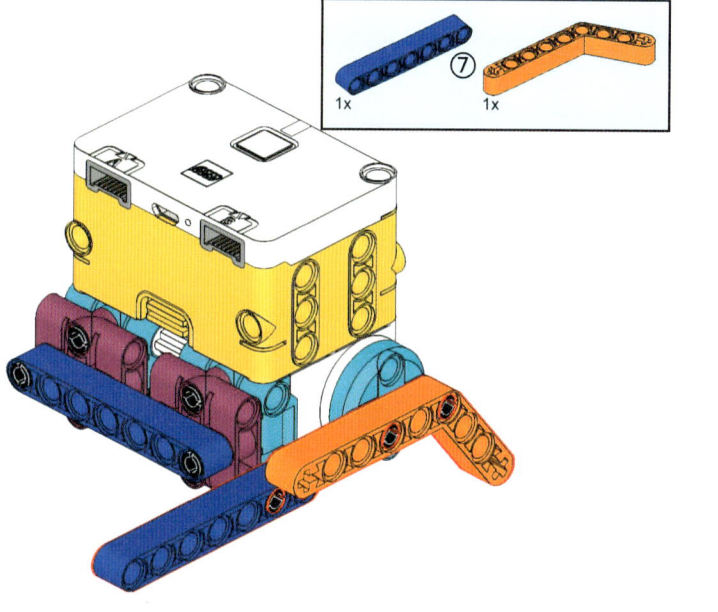

14

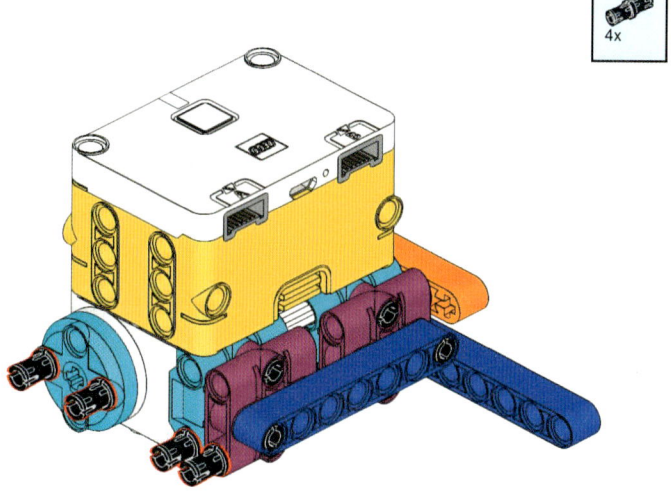

조립가이드 **심부름 로봇**

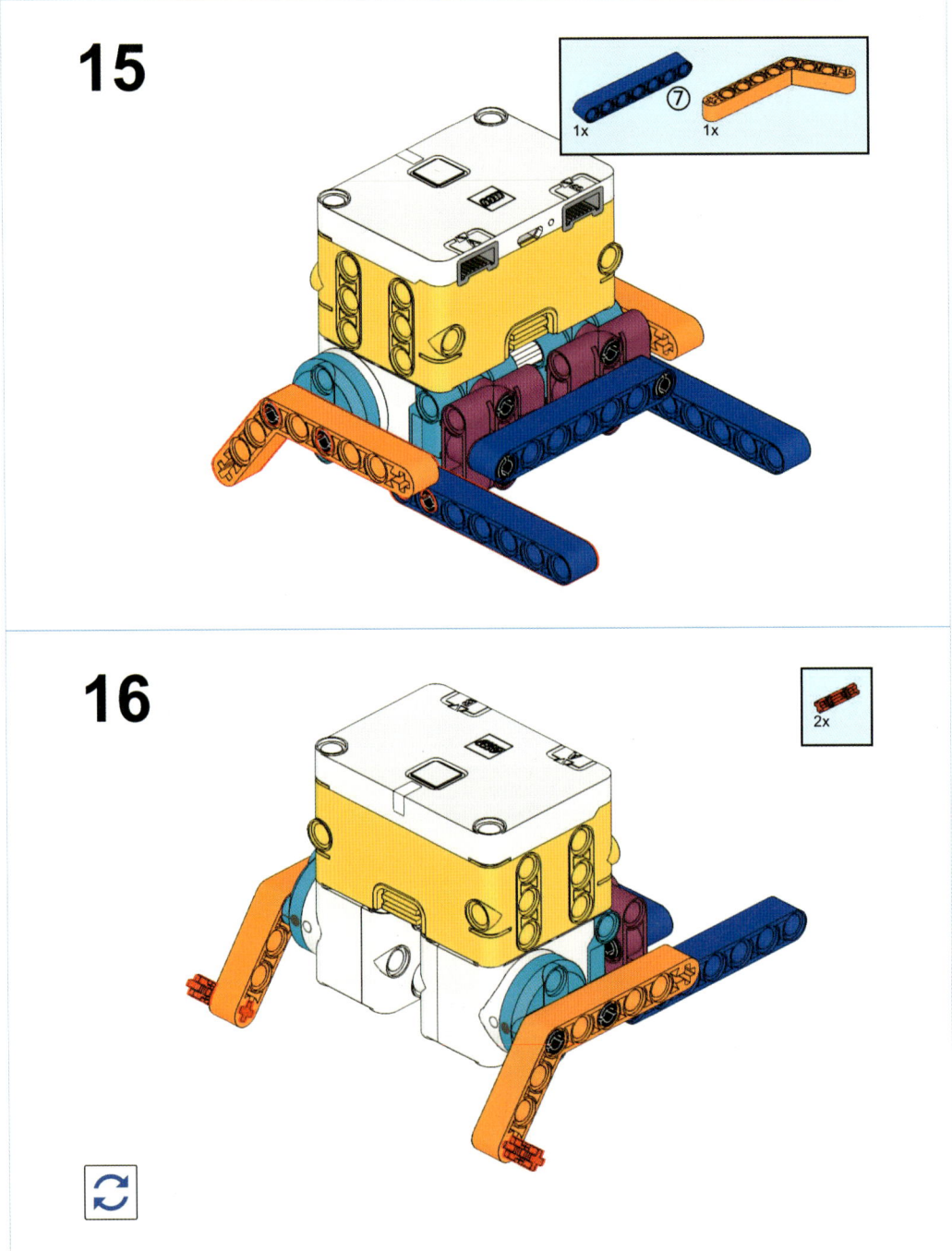

조립가이드 심부름 로봇

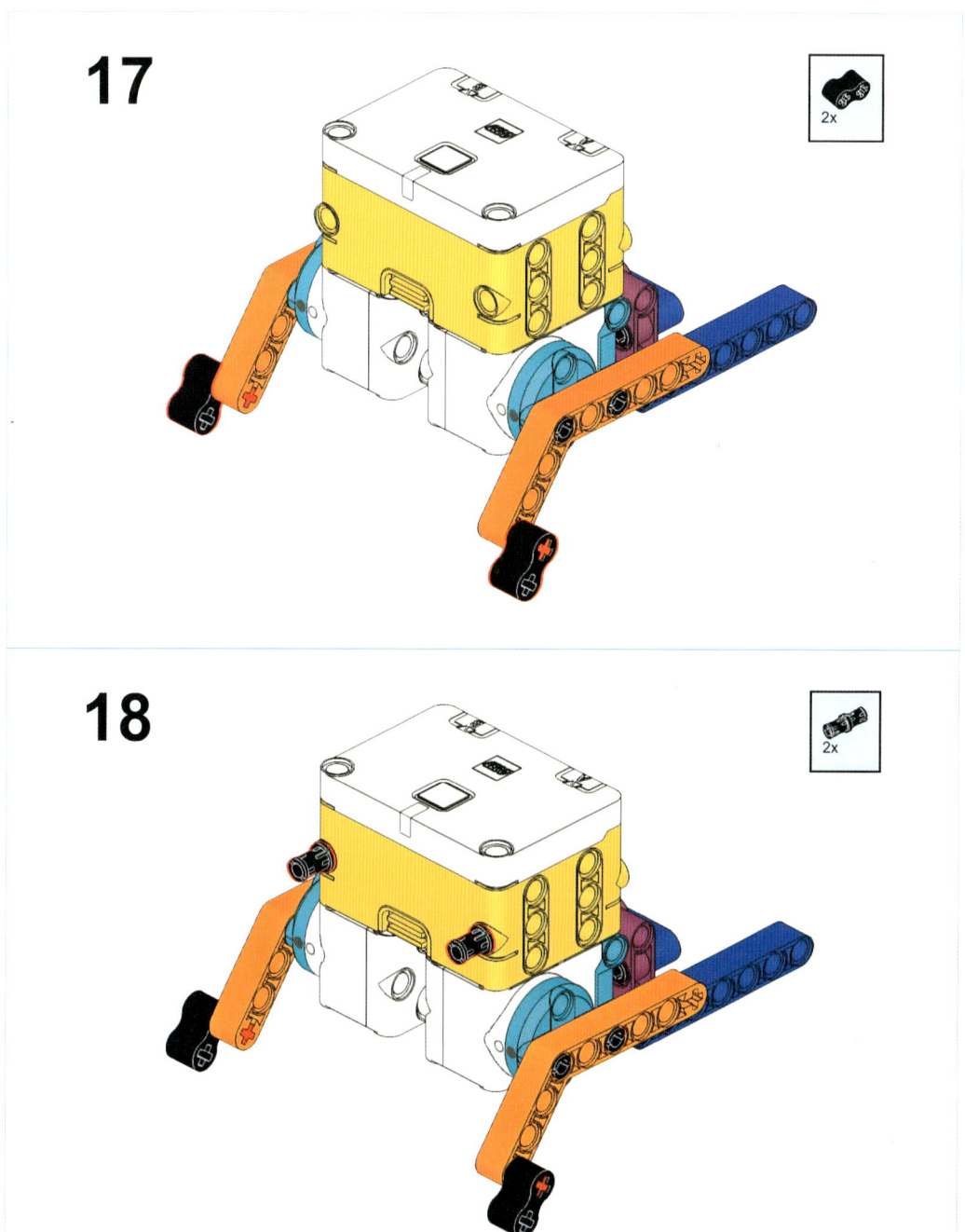

조립가이드 심부름 로봇

19

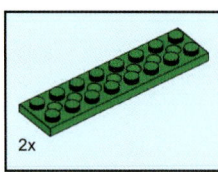

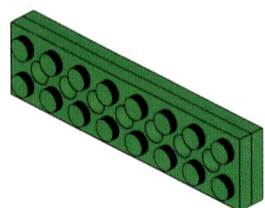

20

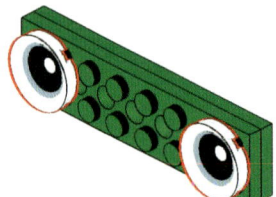

조립가이드 심부름 로봇

21

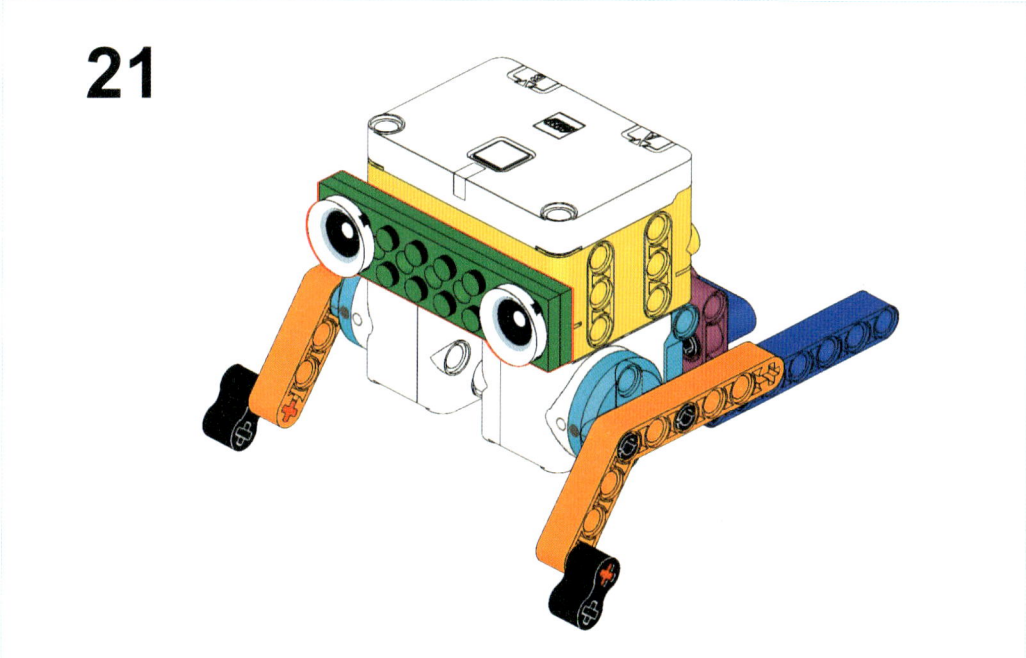

22

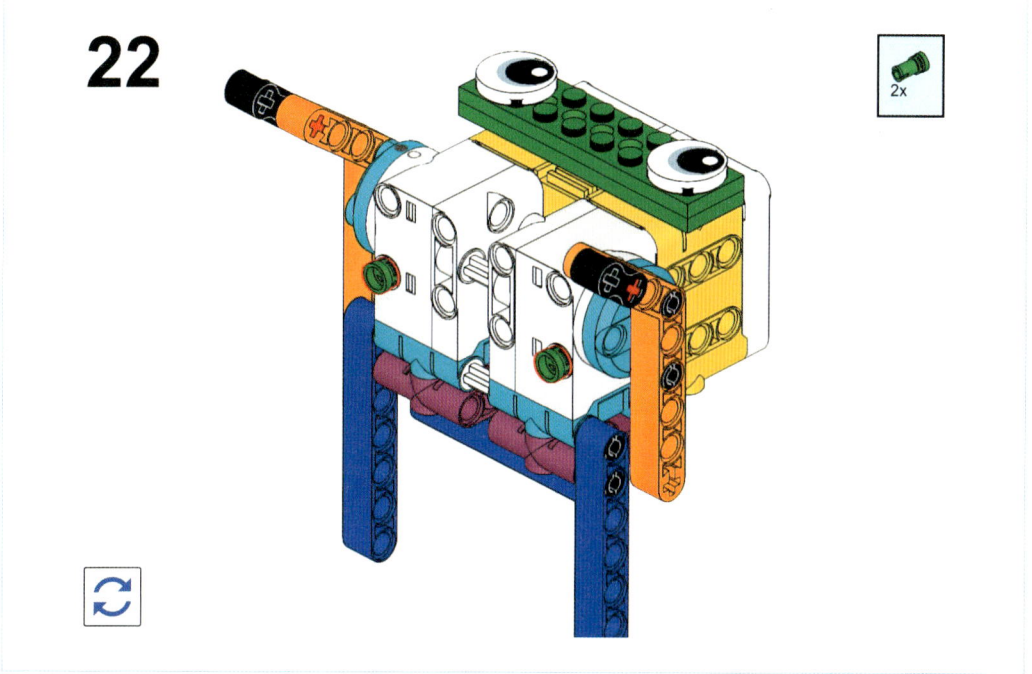

조립가이드 심부름 로봇

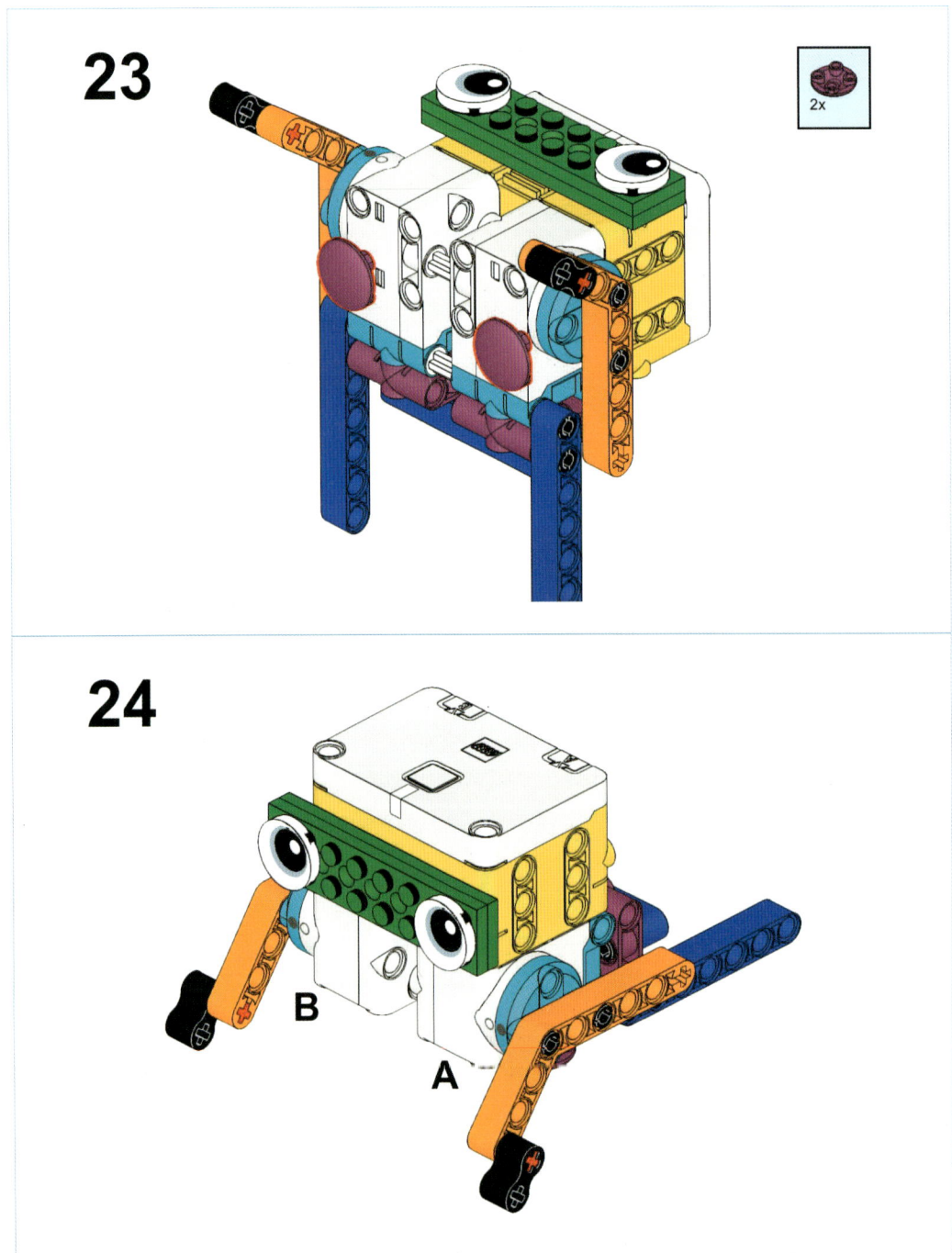

1단계 미션 시, 계단은 집에 있는 책을 활용해 직접 만들어 사용합니다.

책 7권을 준비하고, 아래 그림과 같이 1층은 1권, 2층은 2권, 3층은 4권으로 계단처럼 만들어 보세요.

7권의 책 준비

아래 예시 코딩을 참고하여 **미션 해결에 도전해** 보세요.

 **엄마의 점수표**

득점 기준	★
1층 오르기 성공	★ 1개
2층 오르기 성공	★★ 2개
3층 오르기 성공	★★★ 3개
3층을 10초 안에 오르기 성공	★★★★ 4개
★ 3개 이상을 획득했을 때 다음 단계로 이동하세요	

 **엄마의 꿀팁**

아이가 문제 해결에 어려움을 겪고 있나요?
아이가 엄마에게 도움을 청한다면, 아래 꿀팁을 활용해 보세요.

1. 앞발 반대쪽에 고무 블록을 추가해서 끼우면 계단을 좀 더 잘 오르지 않을까?

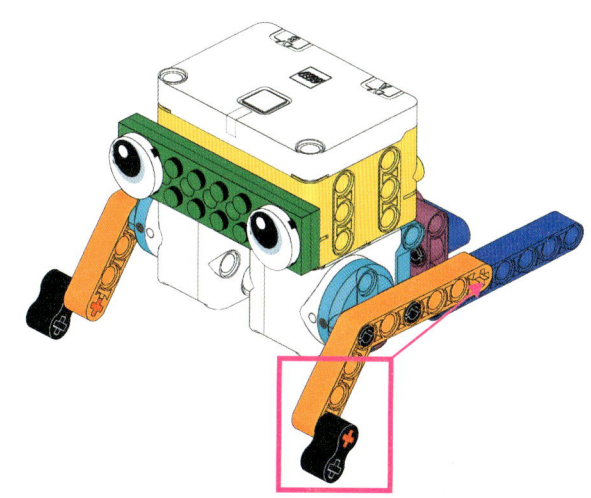

2. 속도를 줄이면 계단을 더 잘 오를 수도 있어. 속도를 바꿔볼까?

3. 높은 계단을 오를 때 뒤로 넘어지지 않기 위해서 뒷부분을 어떻게 조립해야 할까?
   좀 더 긴 블록으로 바꿔볼까?

4. A모터와 B모터 연결선을 깔끔하게 고정시키면 계단을 더 잘 오를 수 있지 않을까?

5. 10초 안에 3층까지 오르기 위해서는 속도가 빨라야 하는데 속도가 빠르면 계단을 잘 못 오르네.
   이 문제를 어떻게 해결할 수 있을까?

1단계 미션에서 얻을 수 있는 교육적 성과

기본적인 코딩 능력   수학적 사고력   과학적 사고력   문제해결력   창의력

2단계 미션 | 나는야 농구왕 3점슛 도전!

다음 이야기에 등장하는 '농구 골대'를 함께 만들고, 미션 해결에 도전해 보세요.

초등학교 2학년 학생인 예준이가 농구공을 들고 야외 농구 코트에 서 있습니다. 붉은 노을이 지는 저녁, 예준이는 다가올 중요한 경기를 생각하며 결연한 표정을 짓고 있습니다.

예준이가 농구 슛 연습을 시작합니다. 농구공이 농구 링을 향해 날아가고, 예준이는 슛에 온전히 집중하고 있습니다.

예준이는 땀을 흘리며 계속해서 슛을 연습합니다. 슛 폼은 점점 향상되고 있으며, 농구공이 목표에 더 자주 도달하고 있습니다.

마침내 예준이는 완벽한 슛을 성공시킵니다. 농구공이 링을 완전히 통과합니다. 예준이는 만족스러운 미소를 지으며, 열심히 한 노력이 결실을 맺고 있음을 느끼고 있습니다.

농구 골대

다음 조립 가이드에 따라 '농구 골대'을 조립하세요.

1

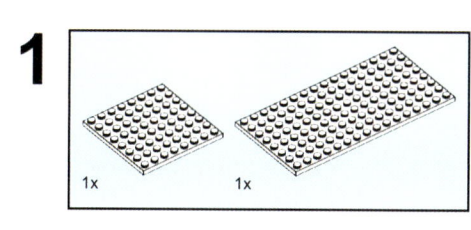

2

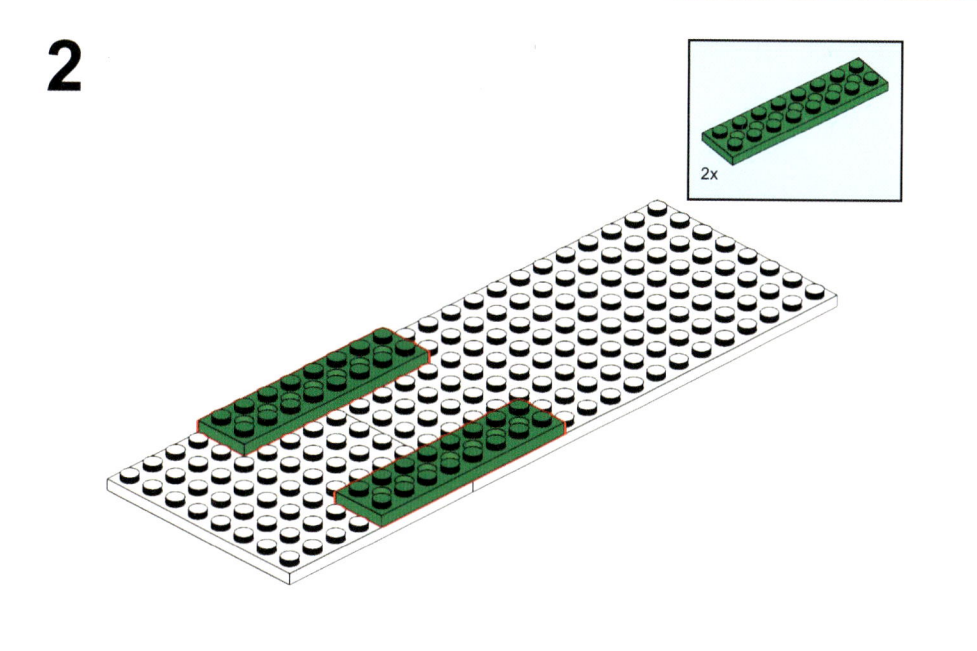

조립가이드 농구 골대

3

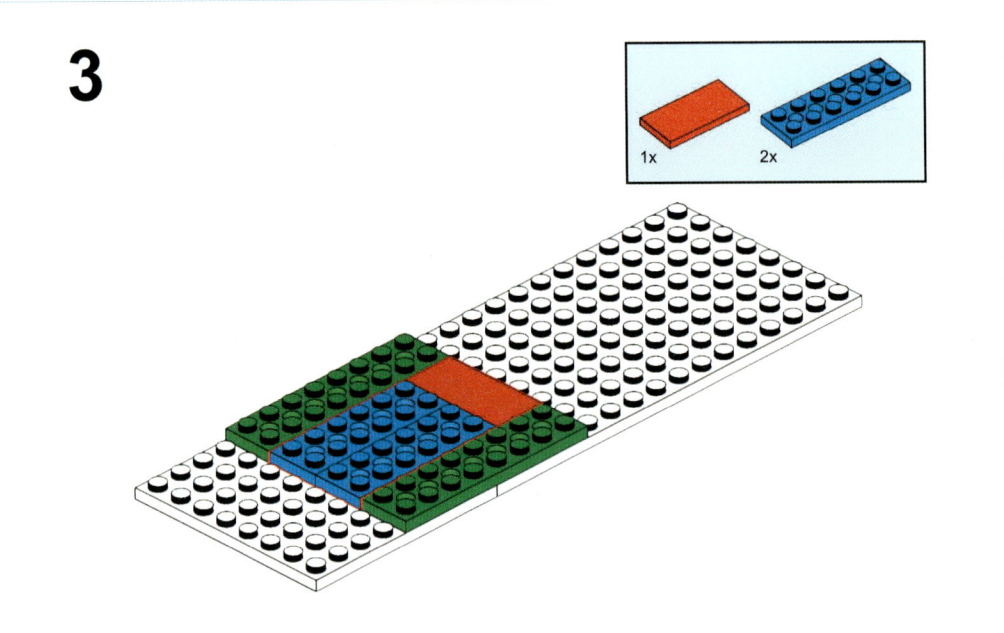

4

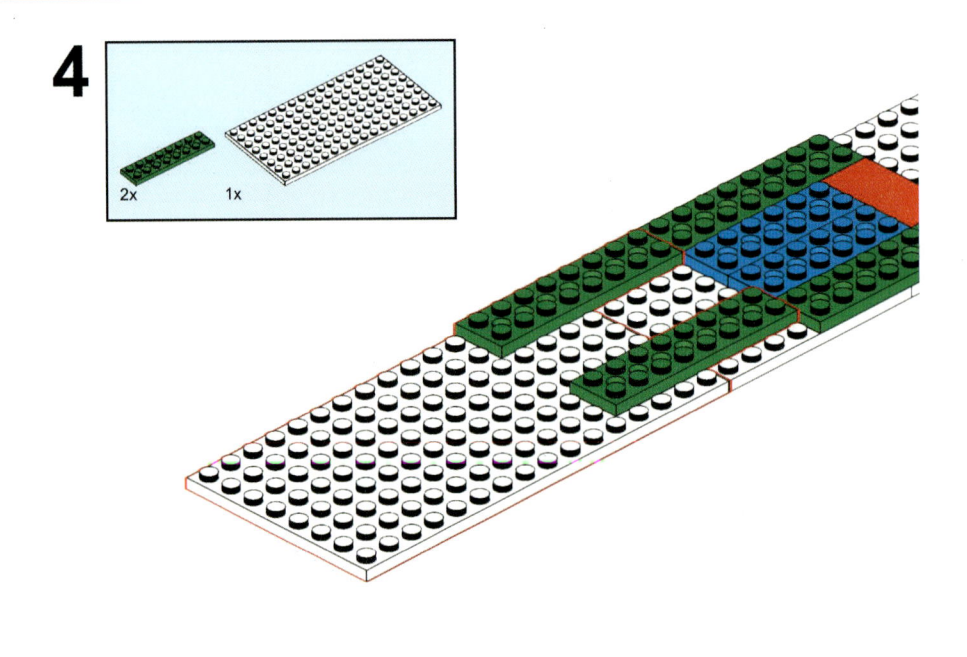

조립가이드 농구 골대

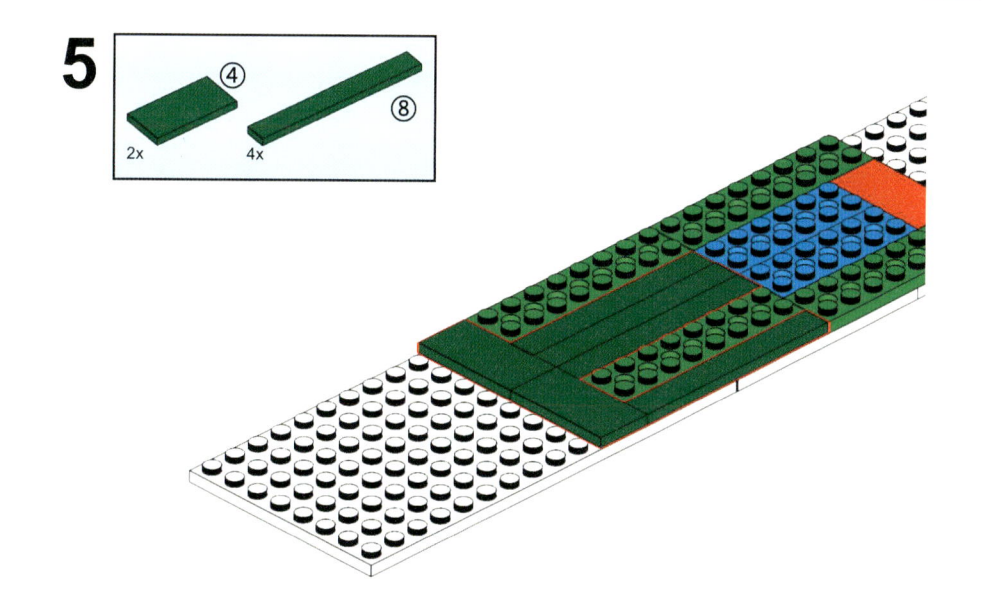

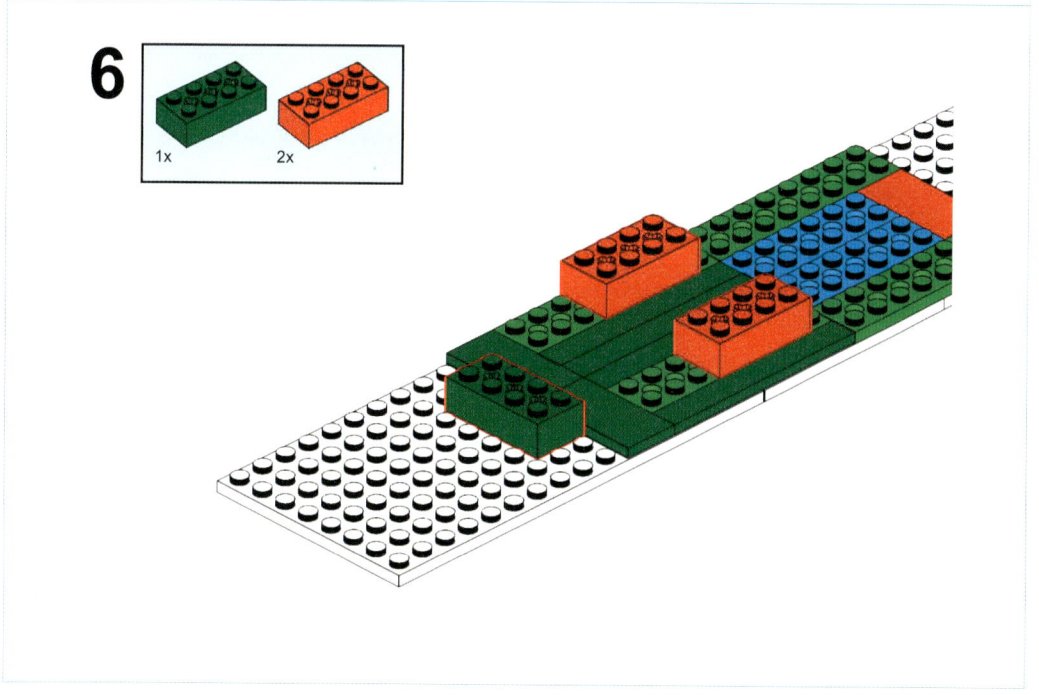

조립가이드 농구 골대

7

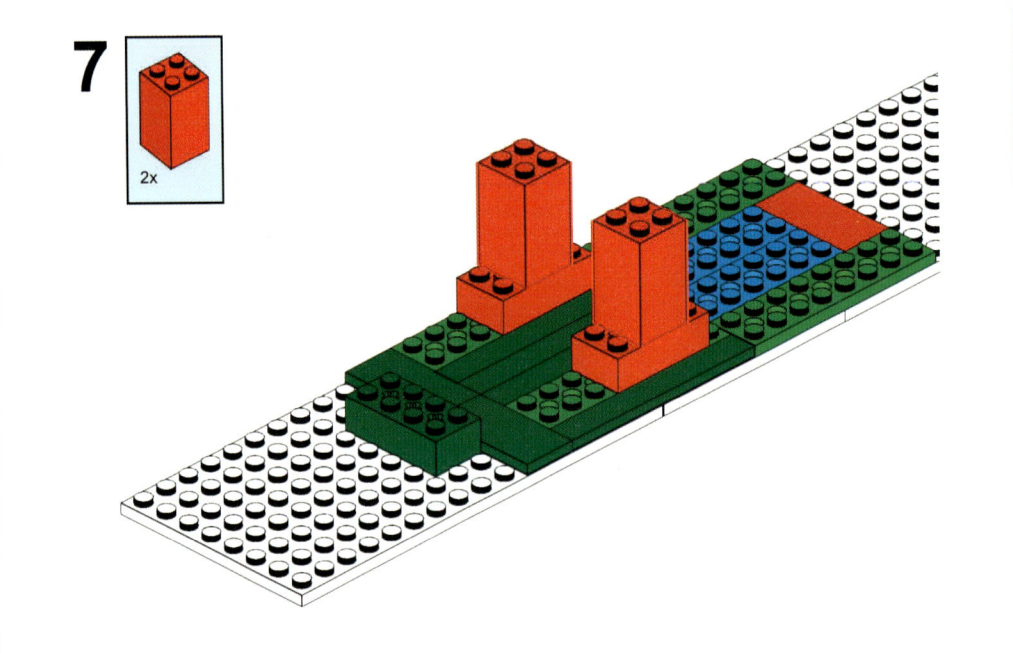

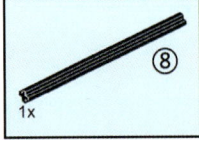

8

조립가이드 농구 골대

9

10

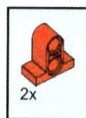

조립가이드 **농구 골대**

11

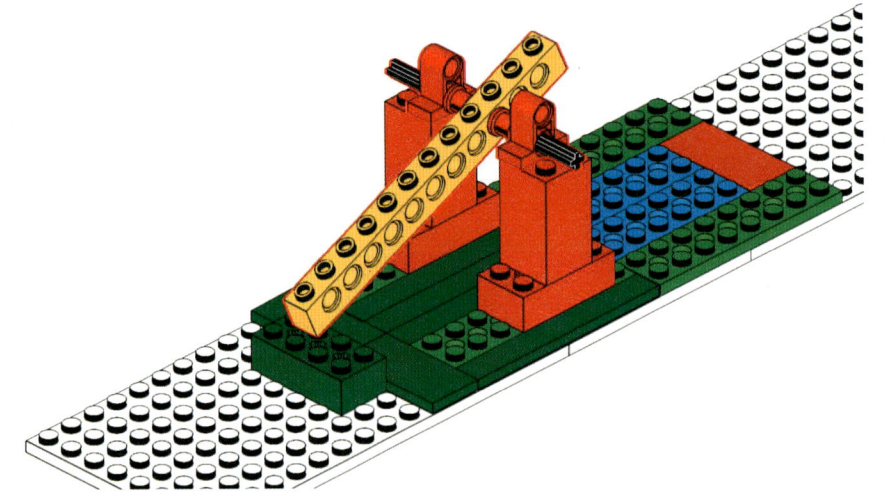

12

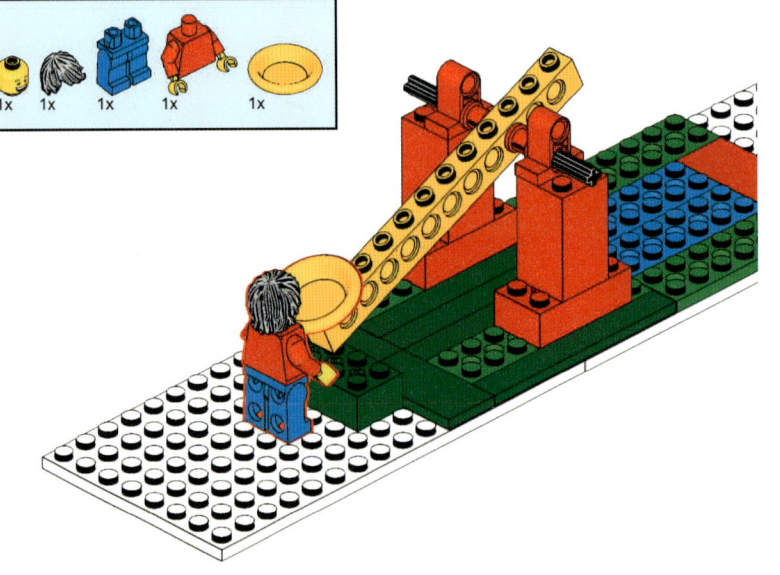

조립가이드 농구 골대

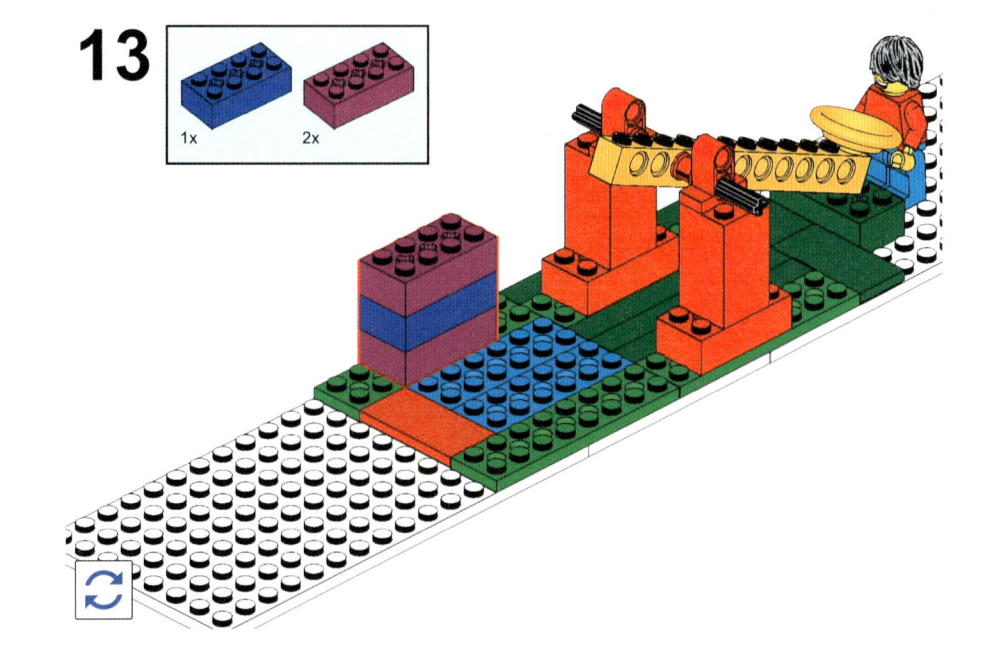

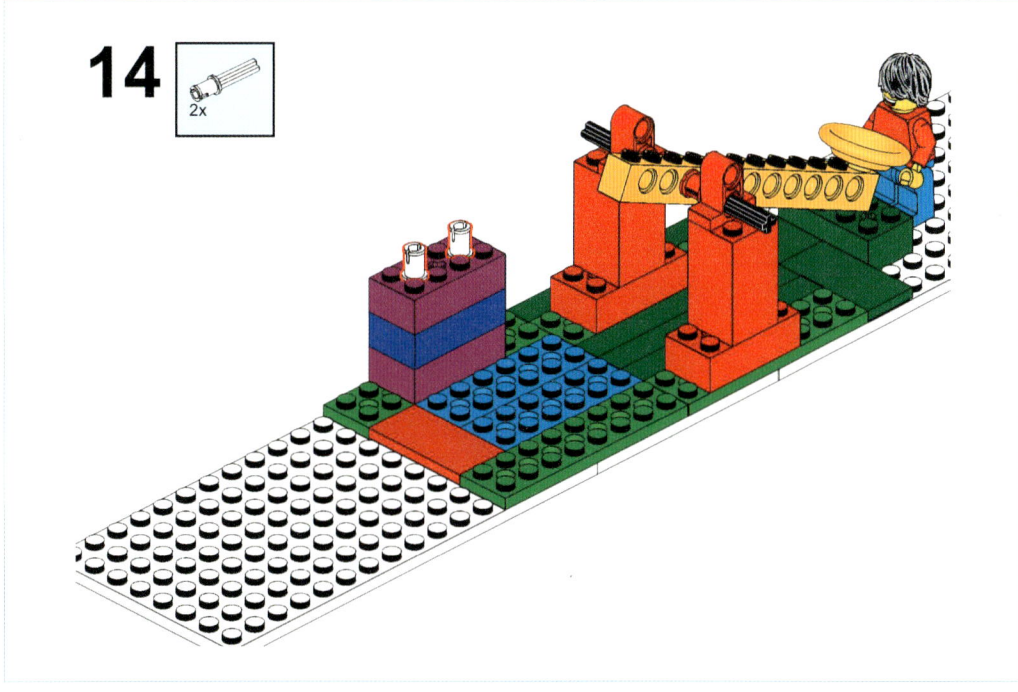

조립가이드 **농구 골대**

15

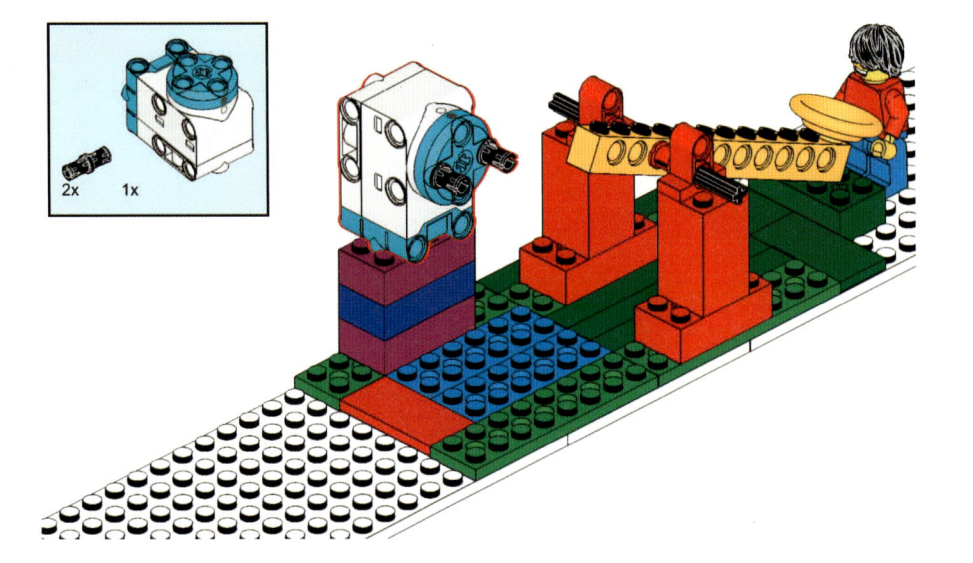

16

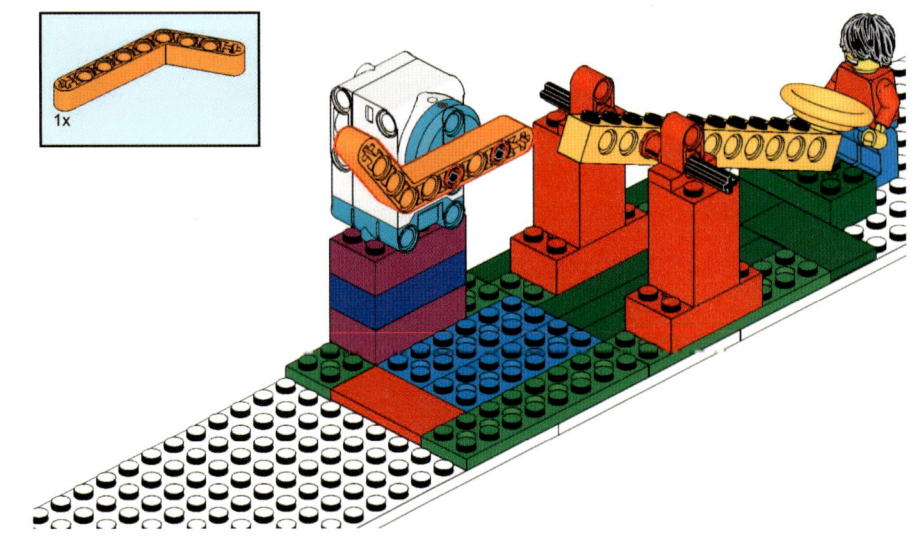

조립가이드 농구 골대

17

18

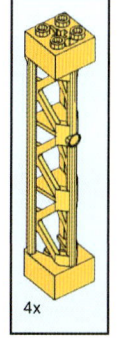

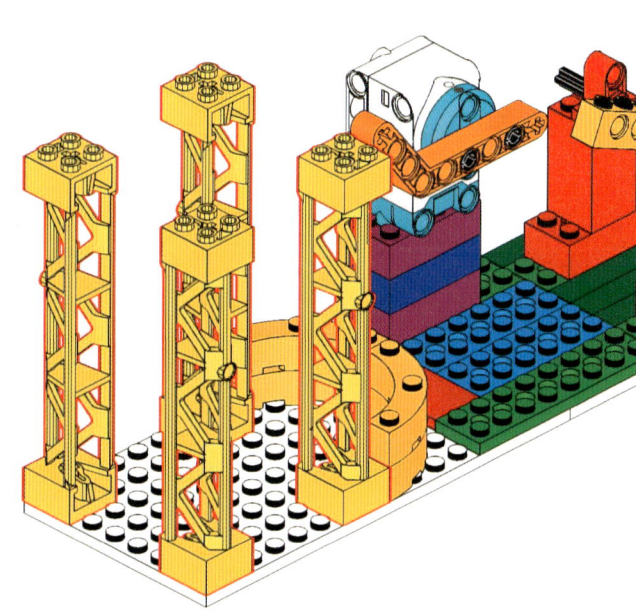

조립가이드 농구 골대

19

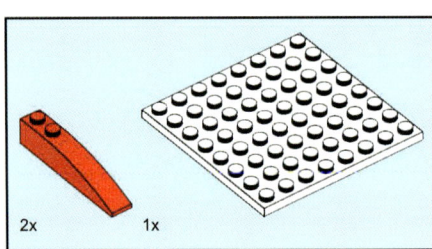

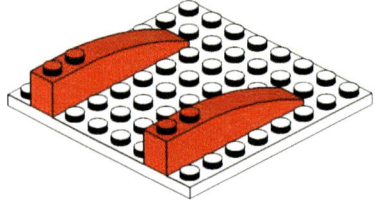

20

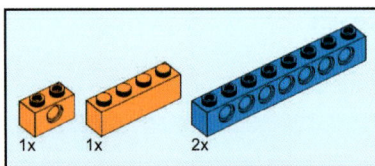

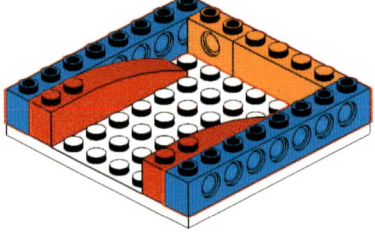

조립가이드 농구 골대

21

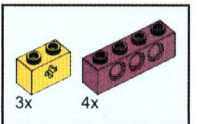

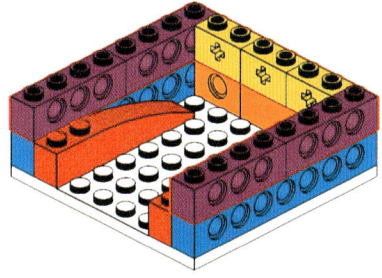

22

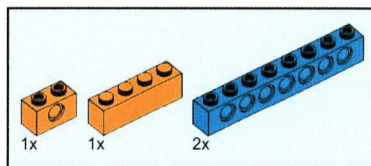

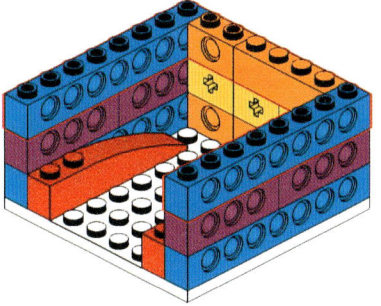

조립가이드 농구 골대

23

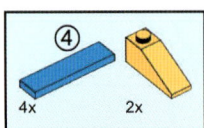

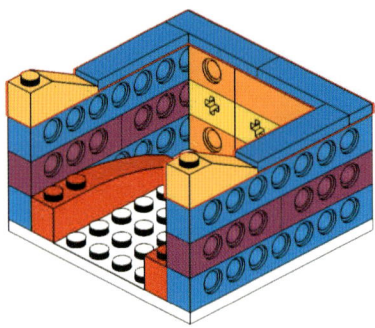

24

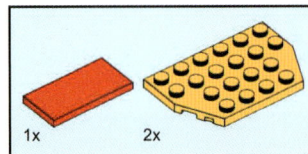

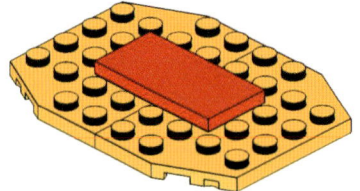

조립가이드 농구 골대

25

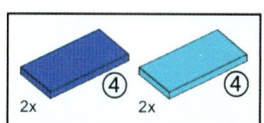

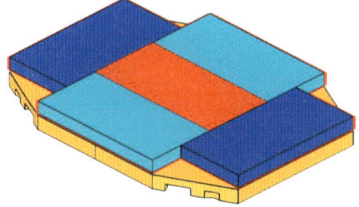

26

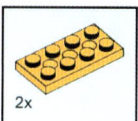

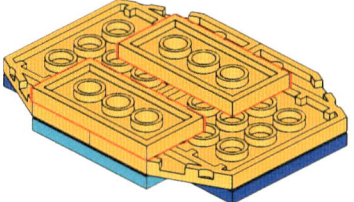

조립가이드 농구 골대

27

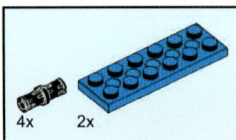

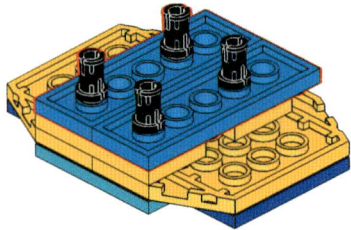

28

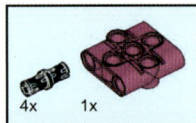

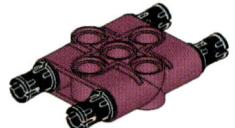

조립가이드 농구 골대

29

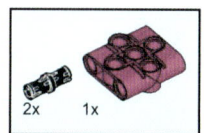

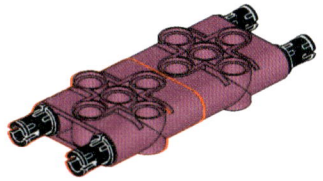

30

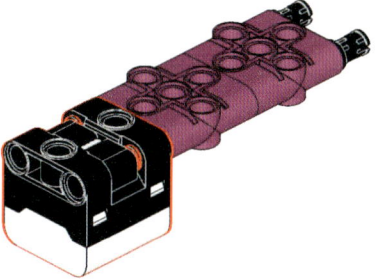

조립가이드 농구 골대

31

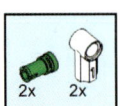

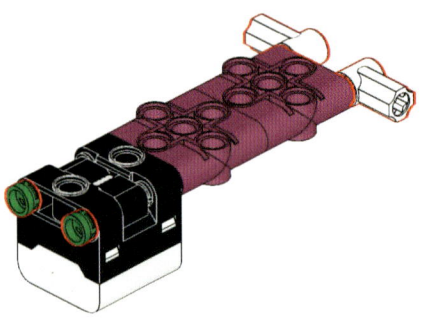

32

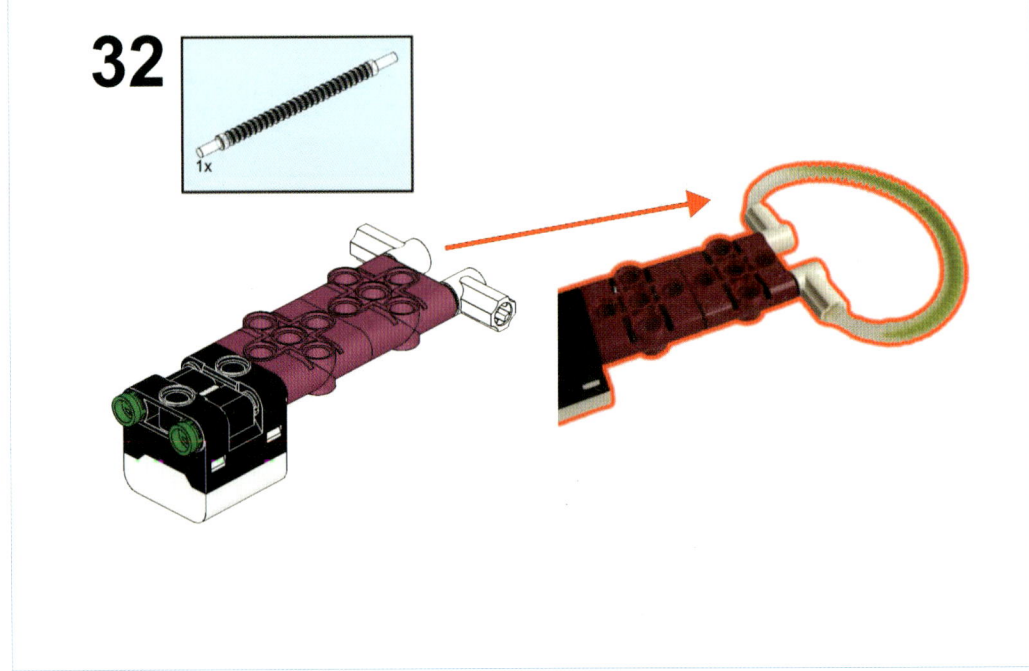

조립가이드 농구 골대

33

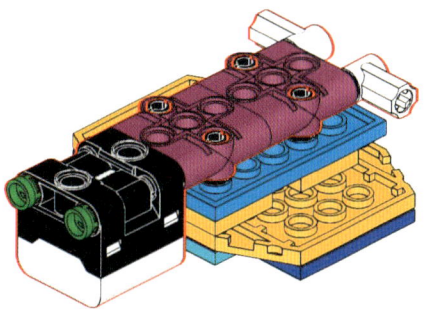

34

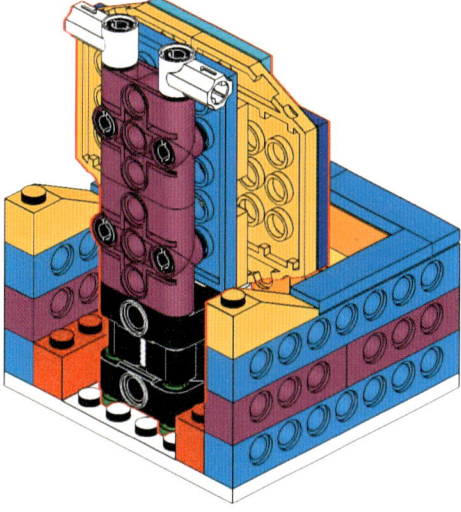

조립가이드 농구 골대

35

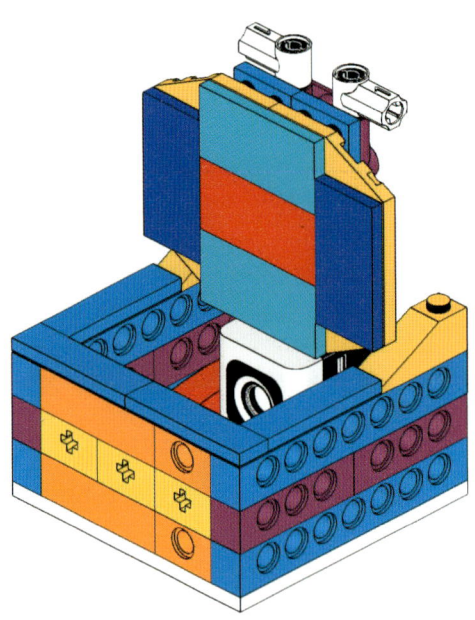

36

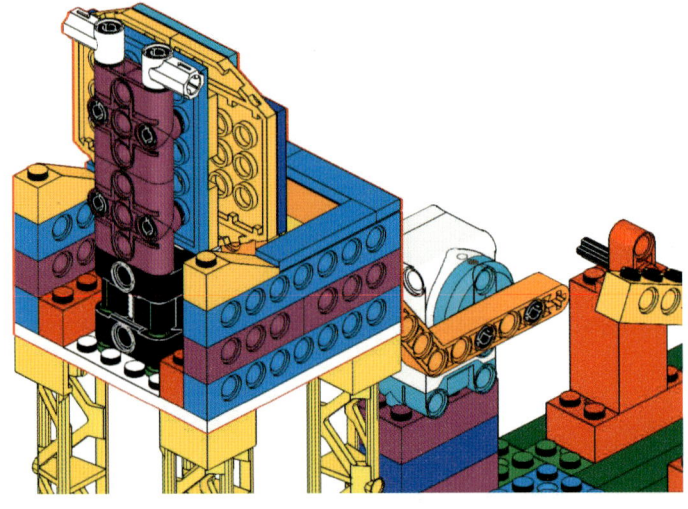

조립가이드 농구 골대

37

38

조립가이드 농구 골대

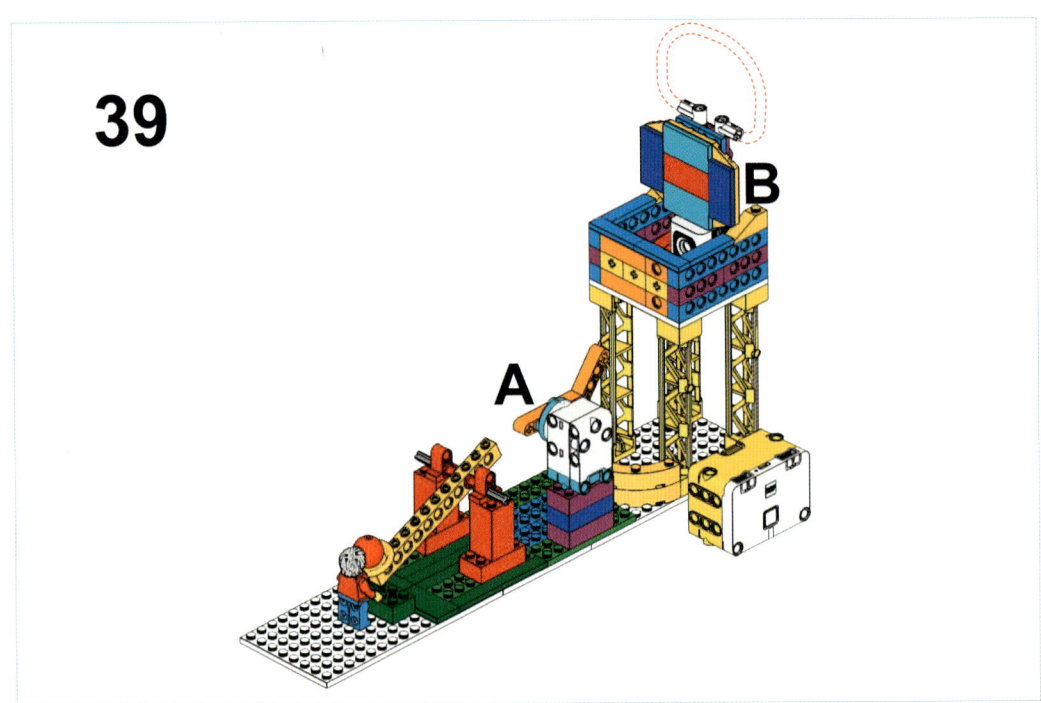

아래 예시 코딩을 참고하여 **미션 해결에 도전**해 보세요.

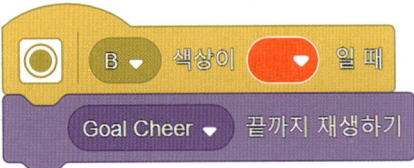

✱ 사운드 추가 방법

1. 사운드를 추가하기 위해서는  를 가져다 놓습니다.

2. 'Cat Meow 1' 라고 적힌 부분을 클릭하고, '사운드 추가'를 클릭합니다.

3. 원하는 사운드를 선택합니다. 미리 듣기도 가능합니다.

4. 선택화면이 나오면 오른쪽 상단의 X 표시를 누릅니다.

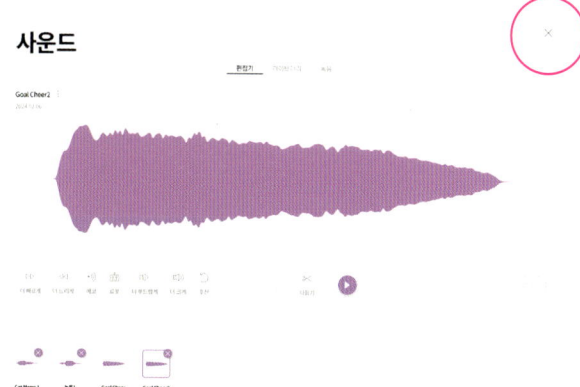

엄마의 점수표

3점 슛은 골대 안으로, 4점 슛은 링 안으로 통과해야 합니다.

득점 기준	★
3점 슛 성공	★ 1개
3점 슛 3번 연속 성공	★★ 2개
3점 슛 성공하고 나만의 박수 소리 재생시키기	★★★ 3개
4점 슛 연속으로 3번 성공	★★★★ 4개

★ 3개 이상을 획득했을 때 다음 단계로 이동하세요

아이가 문제 해결에 어려움을 겪고 있나요?
아이가 엄마에게 도움을 청한다면, 아래 꿀팁을 활용해 보세요.

1. 3점 슛을 더 정확하게 성공시키기 위해 A 모터의 속도를 조금씩 수정해볼까?
2. 4점 슛을 성공하기 위해선 공을 더 멀리 보내야 하는데 A 모터의 속도를 높여볼까?
3. 컬러 센서가 빨간색을 인식하면 환호성이 나오는데 나만의 박수 소리를 녹음시켜서 재생시켜볼까?
4. 슛을 더 멀리 보내기 위해 조립을 변경해볼까?

2단계 미션에서 얻을 수 있는 교육적 성과

> 컬러 센서를 활용한 코딩 능력   수학적 사고력   과학적 사고력   문제해결력   창의력

MEMO

3단계 미션: 우리 동네 스마트 드론 배송

다음 이야기에 등장하는 '스마트 드론'을 함께 만들고, 미션 해결에 도전해 보세요.

스마트 드론이 하늘을 날며 깔끔하게 포장된 소포를 운반하고 있습니다.

드론이 한 집 위에 멈춰서 소포를 부드럽게 내려놓고 있습니다. 초등학교 2학년 서영이는 옆에서 기대감에 가득 찬 표정으로 이 장면을 지켜보고 있습니다.

환한 미소를 지으며 소포를 들고 있는 모습입니다. 드론은 옆에서 떠다니며 화면에 성공적인 배달을 알리는 엄지척 아이콘을 띄웁니다.

소포를 잘 받은 서영이는 행복하게 웃으며 드론에게 손을 흔듭니다. 드론은 하늘로 떠오르며 다음 배달을 준비하는 모습입니다.

 # 스마트 드론

다음 조립 가이드에 따라 '스마트 드론'을 조립하세요.

1

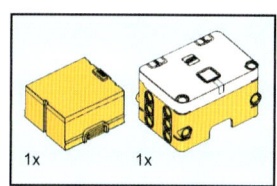

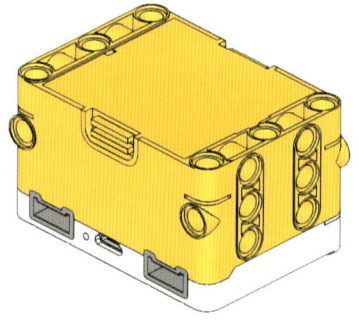

2

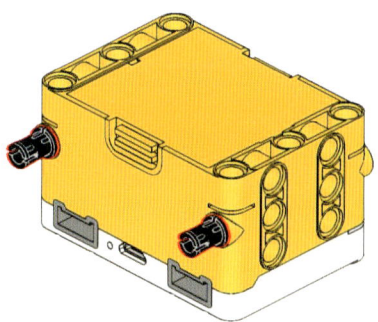

조립가이드 스마트 드론

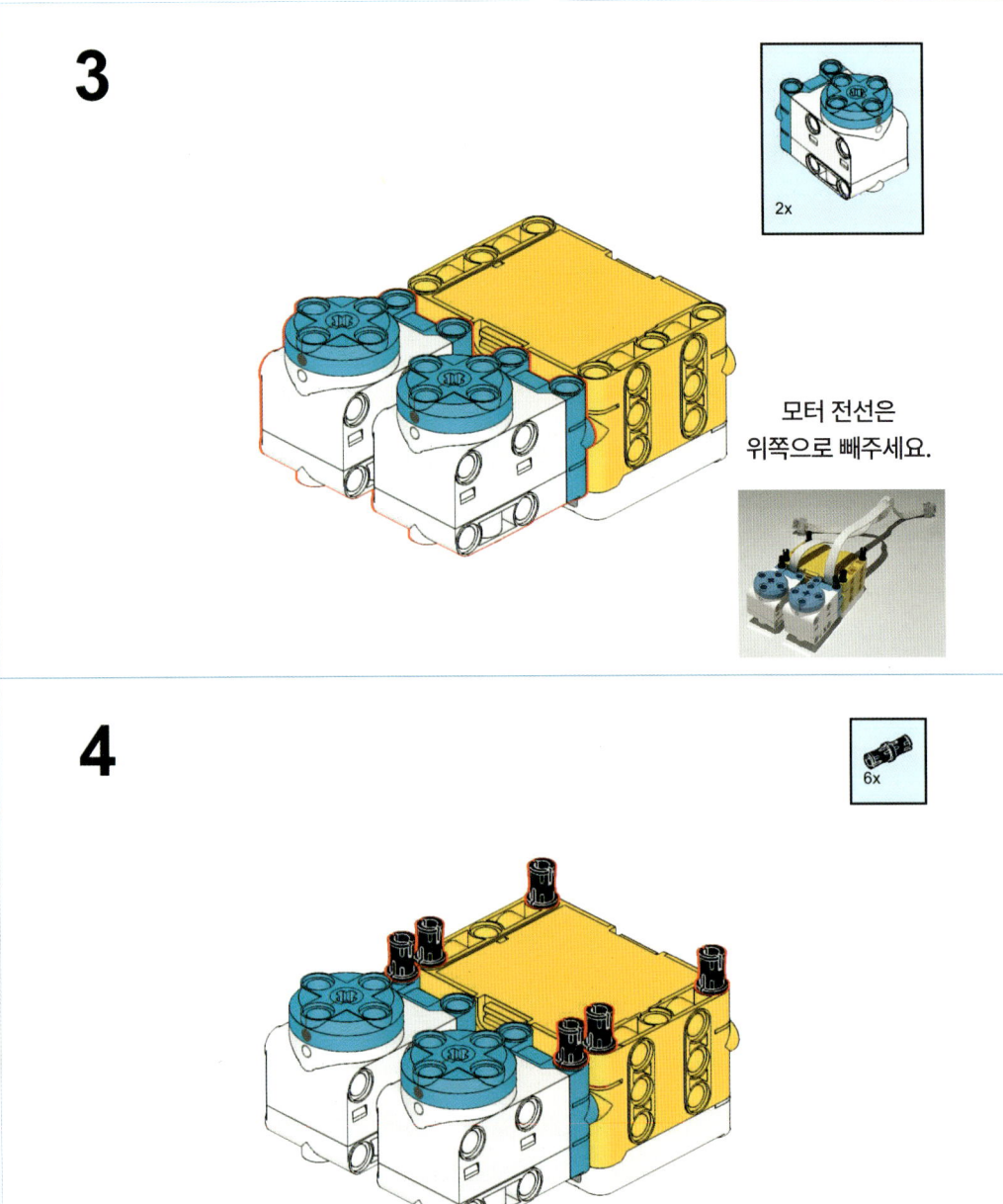

모터 전선은 위쪽으로 빼주세요.

조립가이드 스마트 드론

5

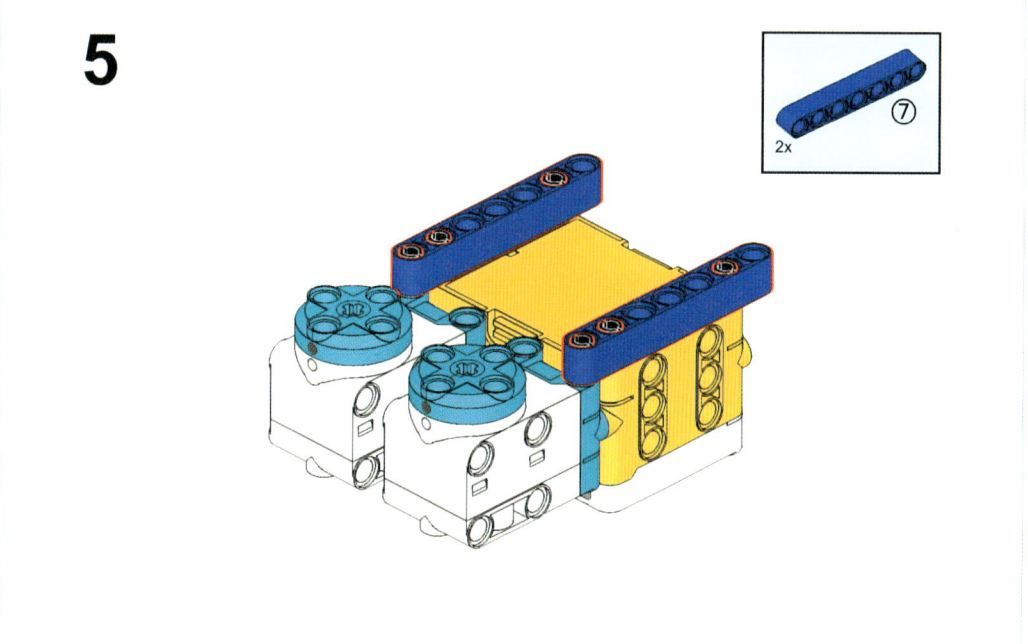

6

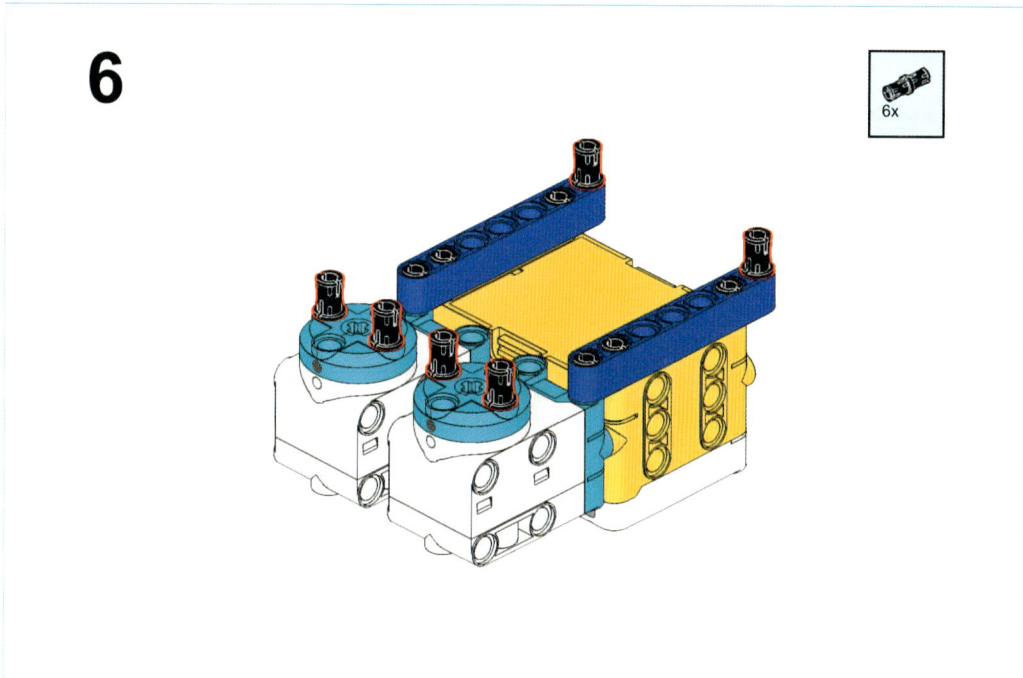

조립가이드 스마트 드론

7

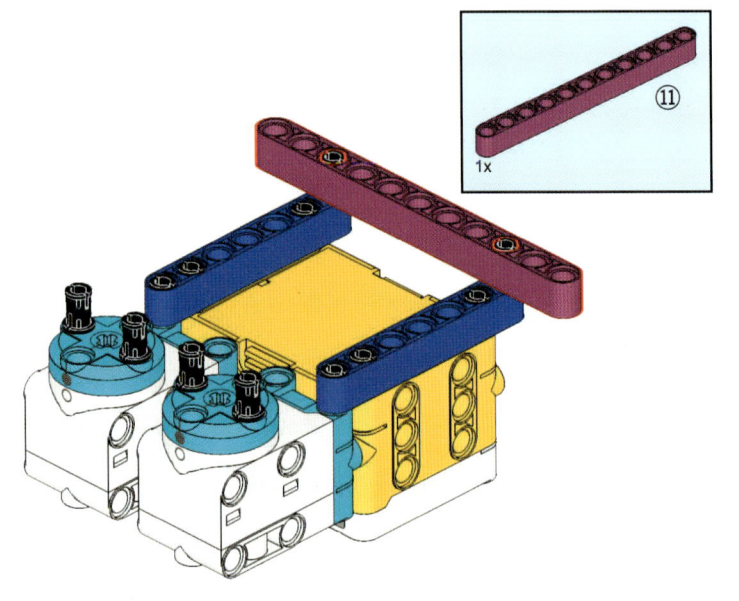

8

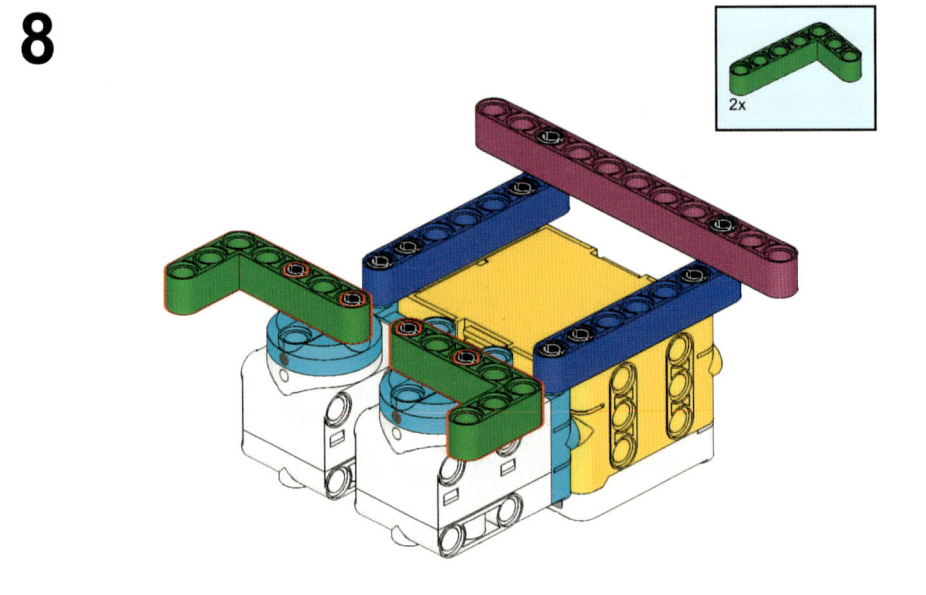

조립가이드 스마트 드론

9

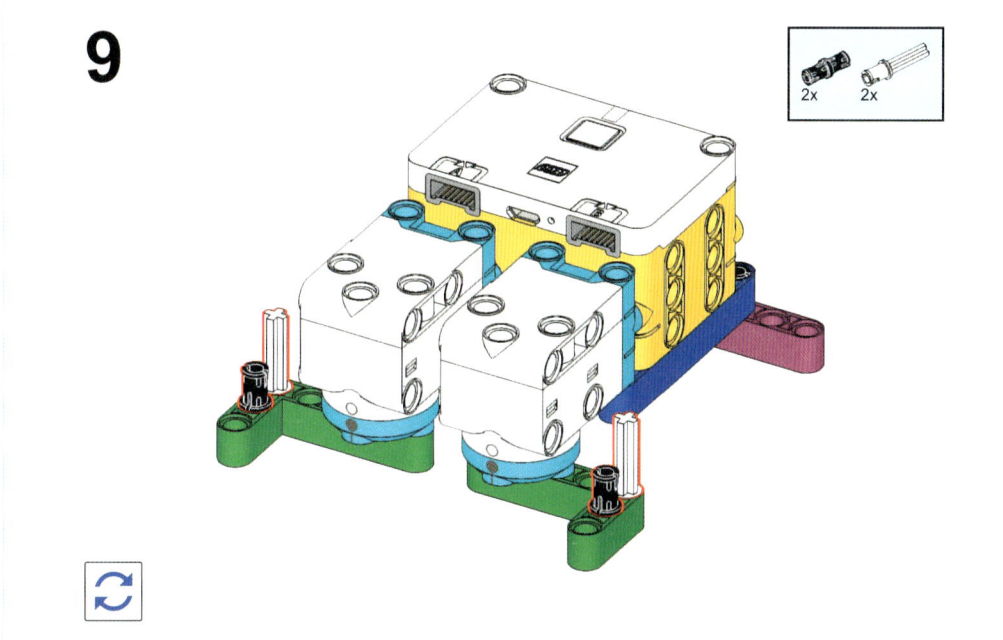

10

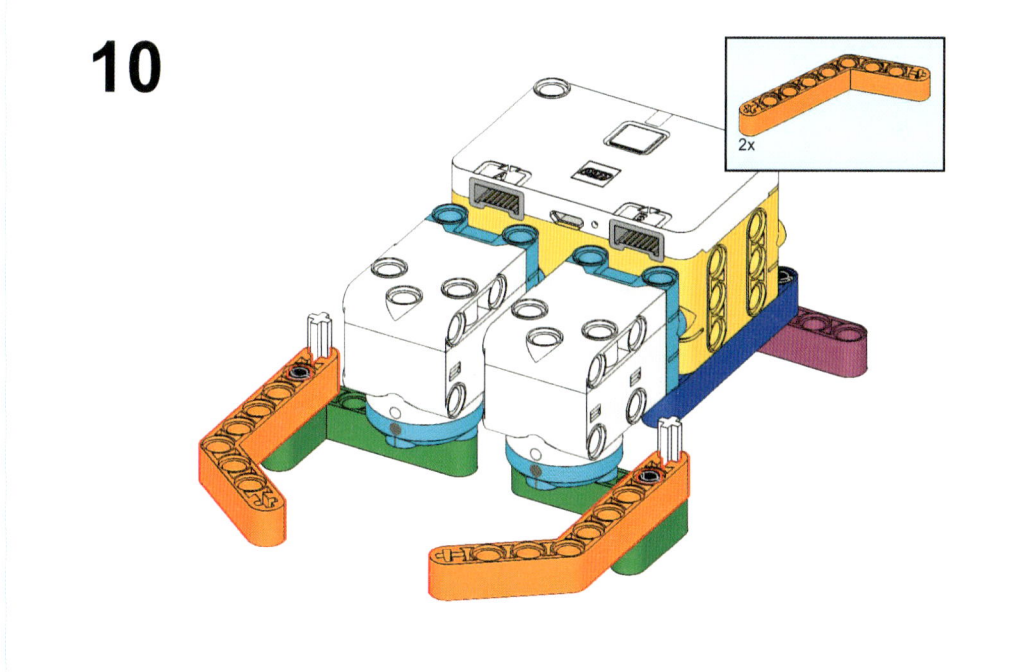

조립가이드 스마트 드론

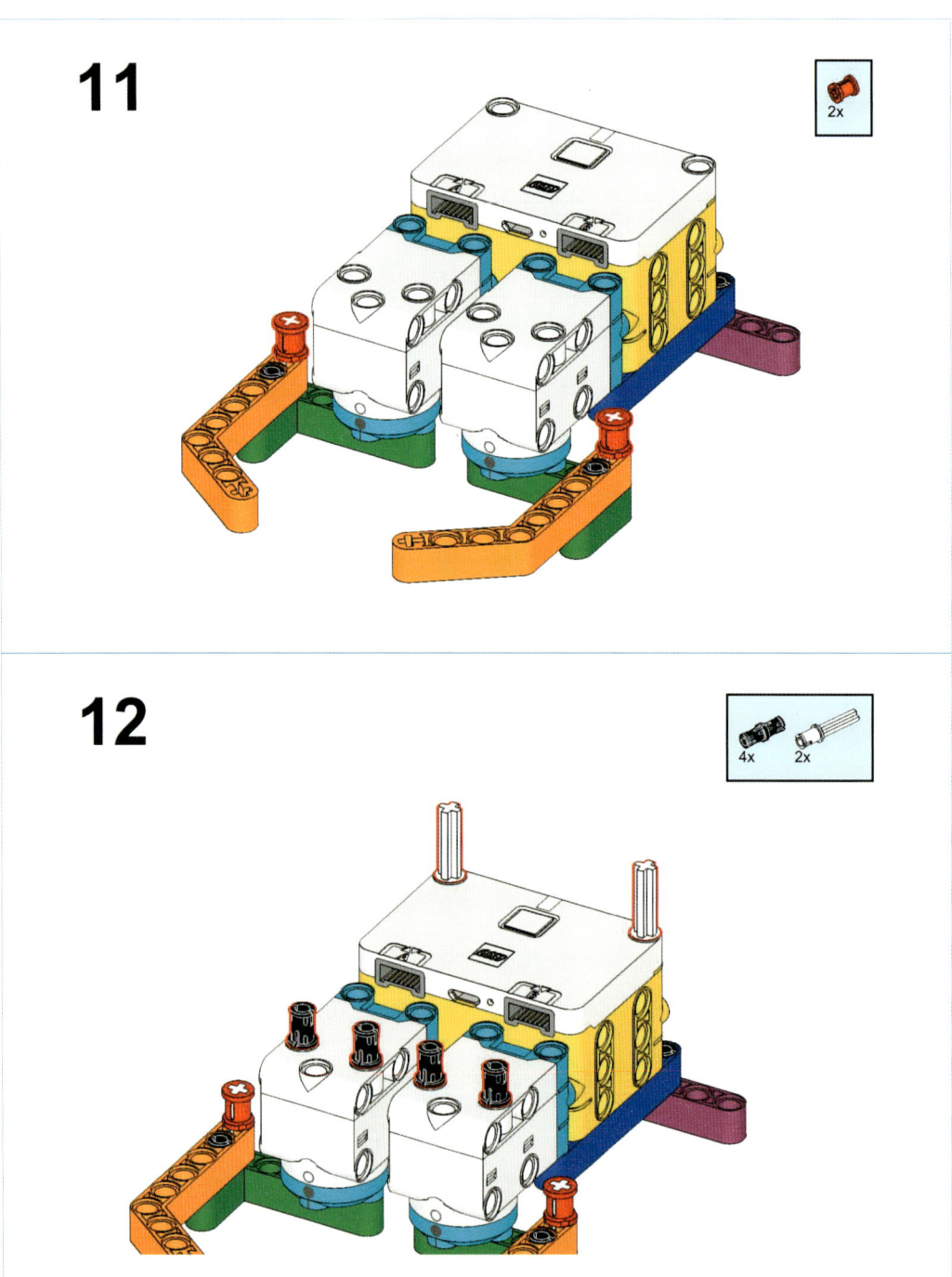

조립가이드 스마트 드론

13

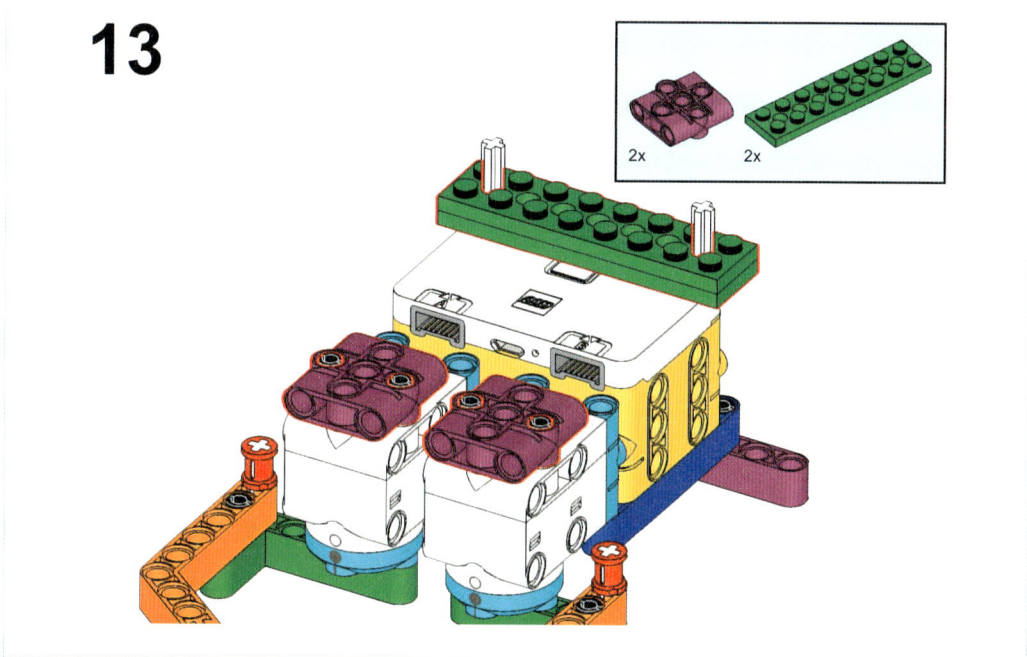

14

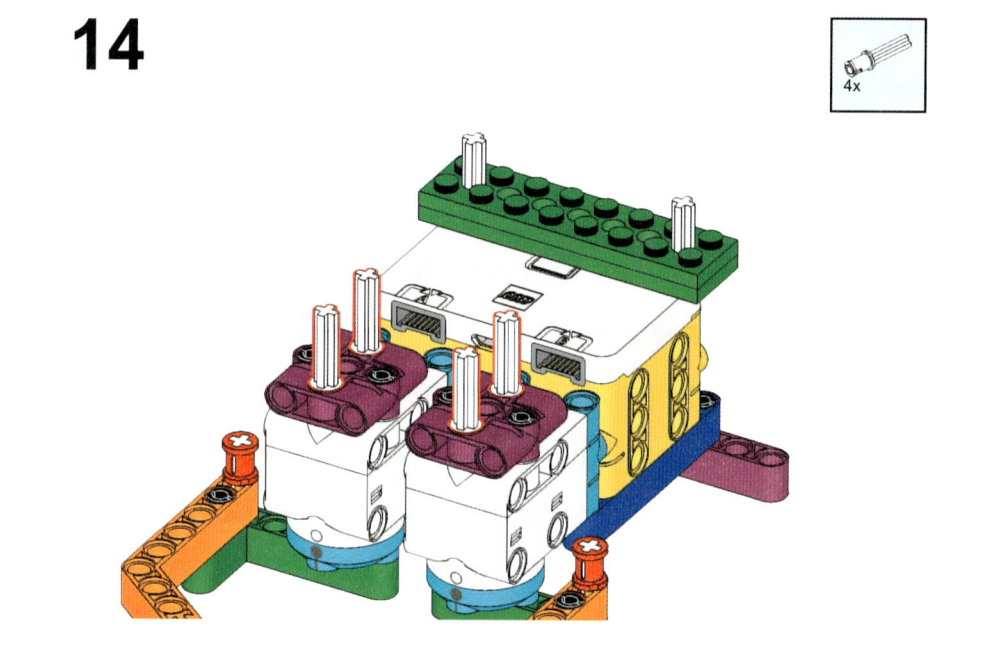

조립가이드 **스마트 드론**

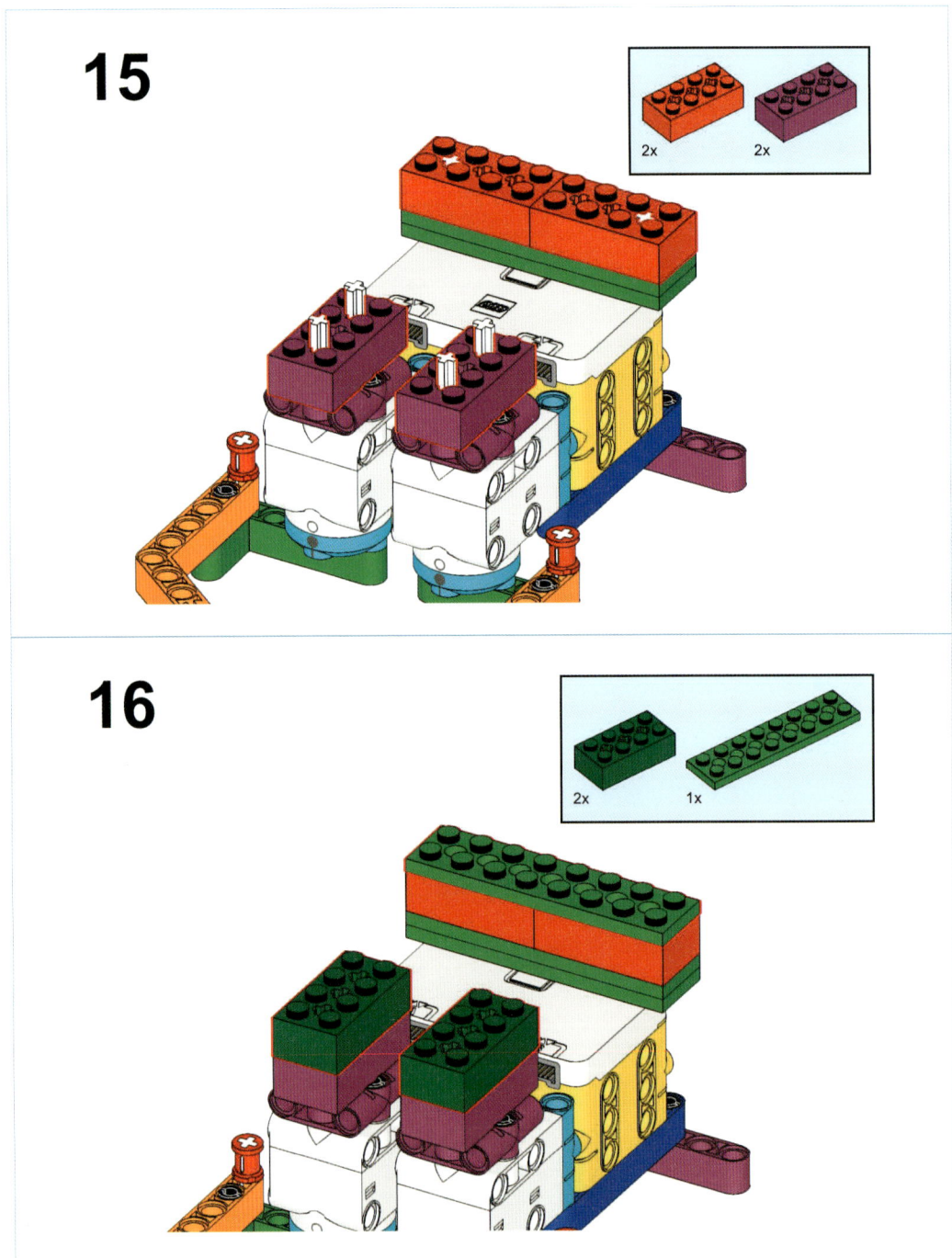

조립가이드 **스마트 드론**

17

18

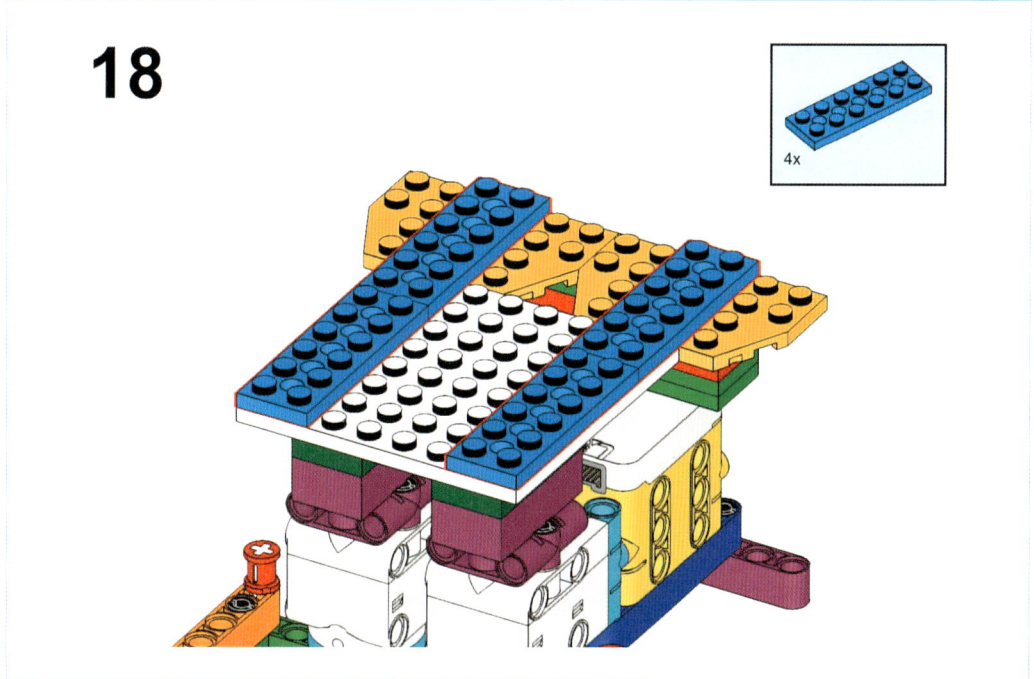

스마트 드론

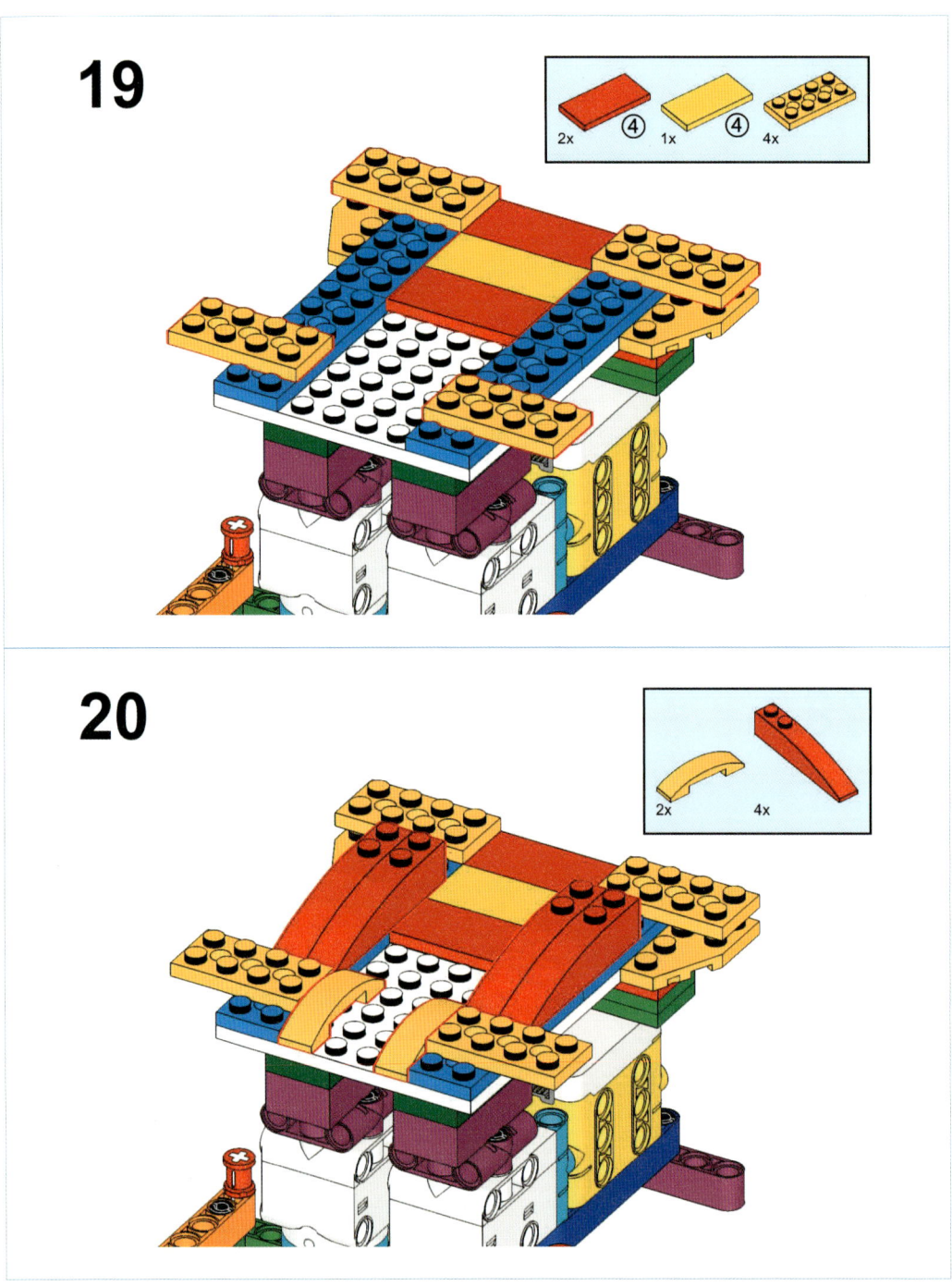

 스마트 드론

21

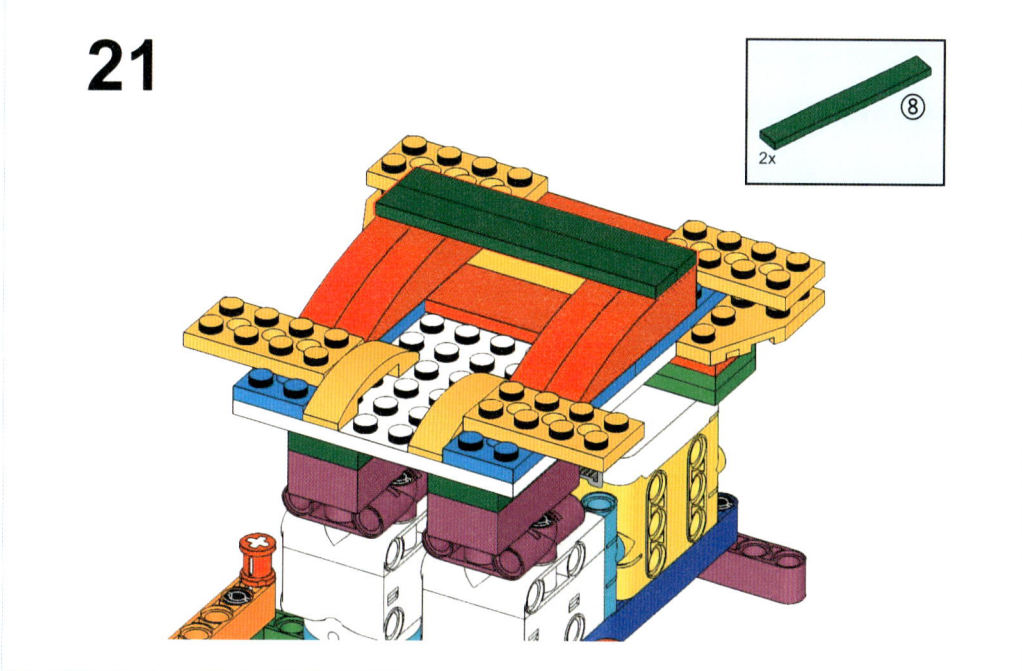

22

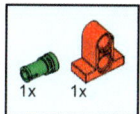

조립가이드 **스마트 드론**

23

24

조립가이드 **스마트 드론**

25

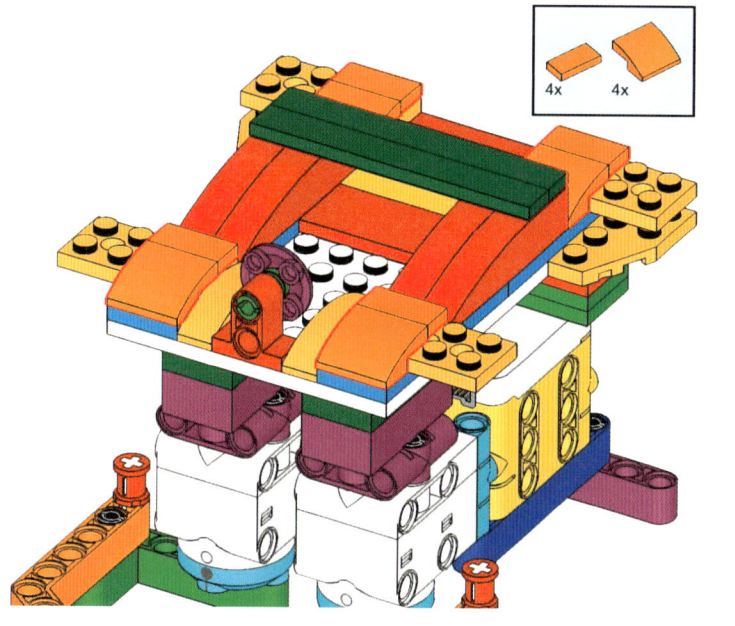

26

| 조립가이드 | **스마트 드론** |

27

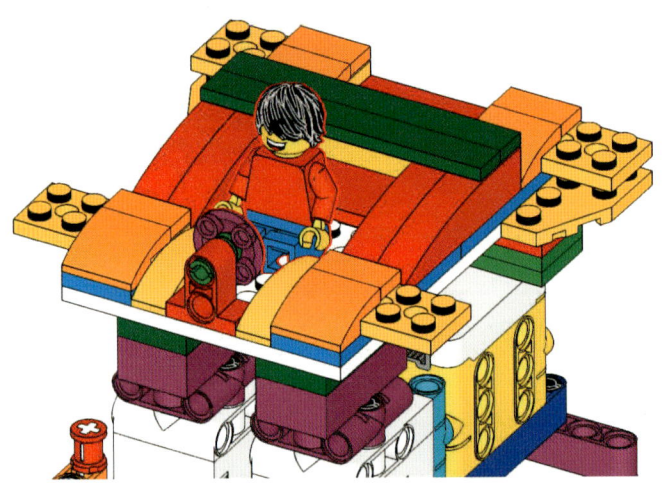

28

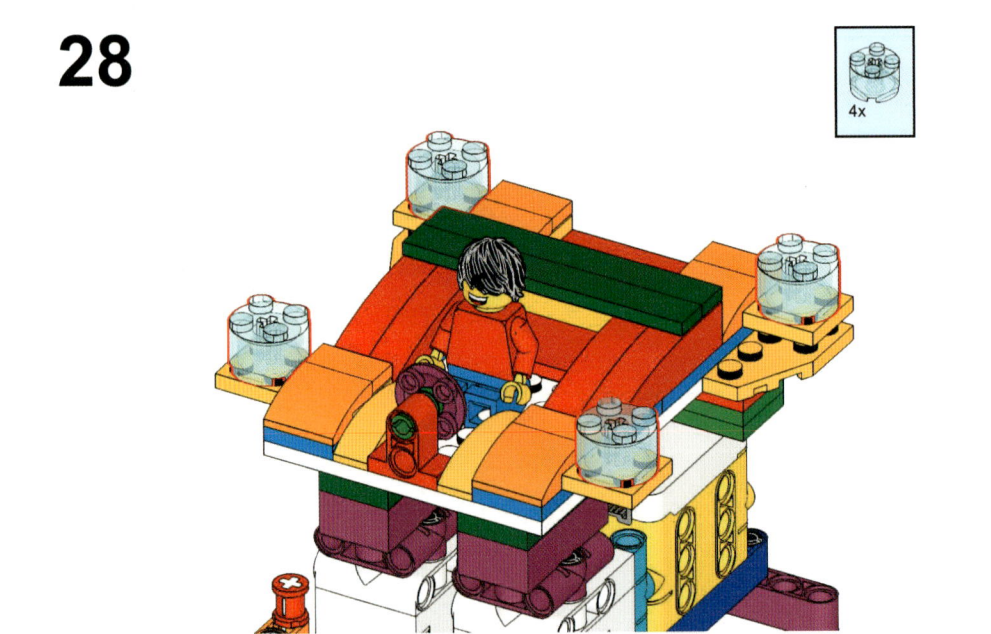

조립가이드 스마트 드론

29

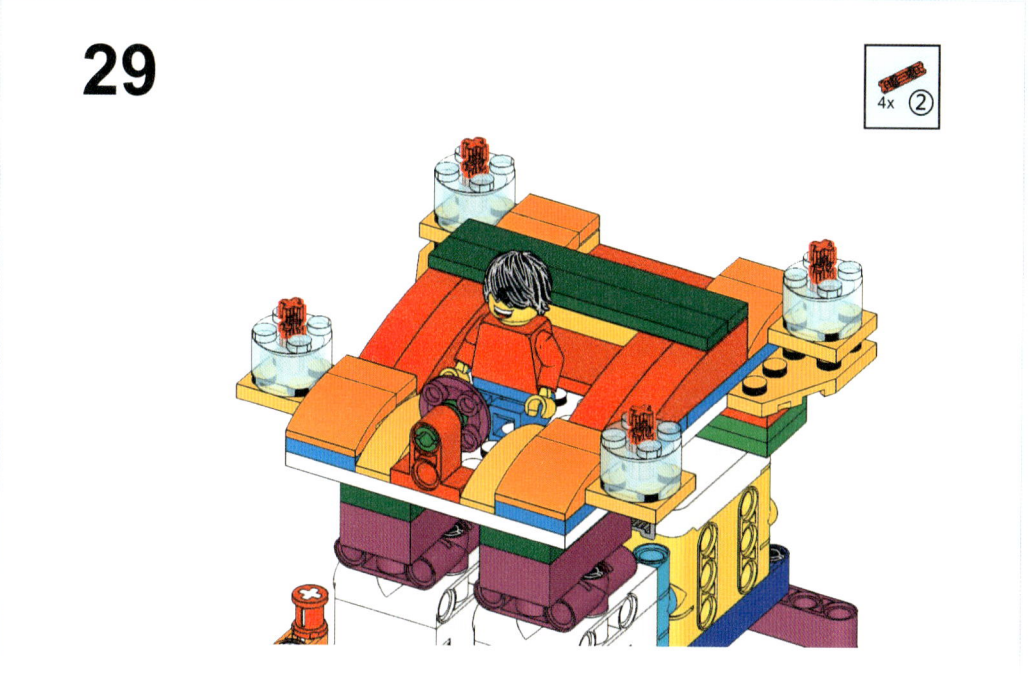

30

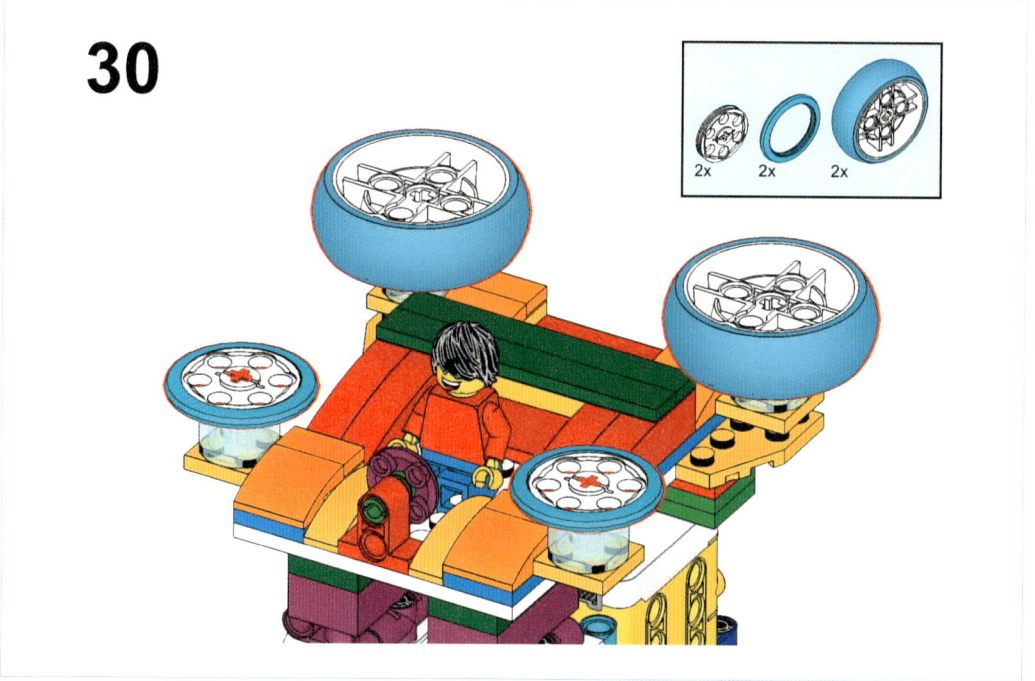

조립가이드 스마트 드론 - 미션 맵

31

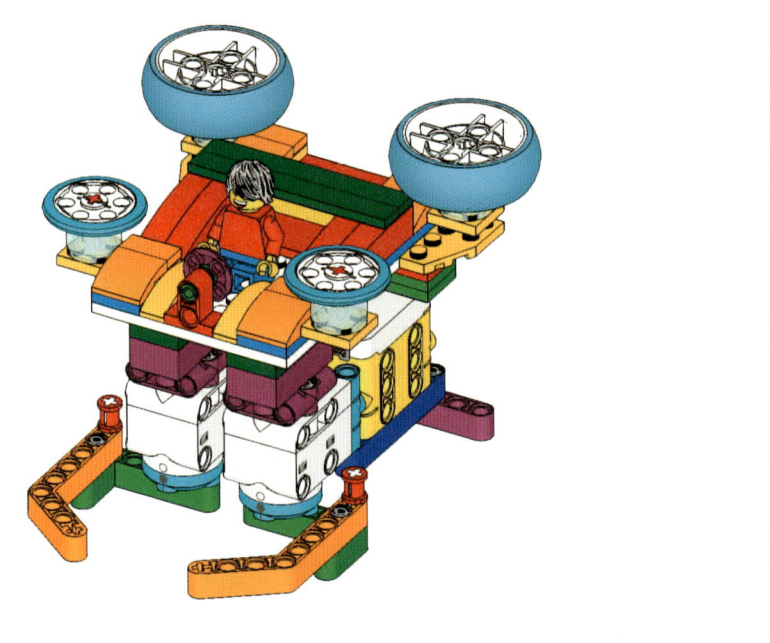

스마트 드론 - 미션 맵

스마트 드론 배송 미션을 진행할 미션맵도 다음 가이드에 따라 조립하세요.

1

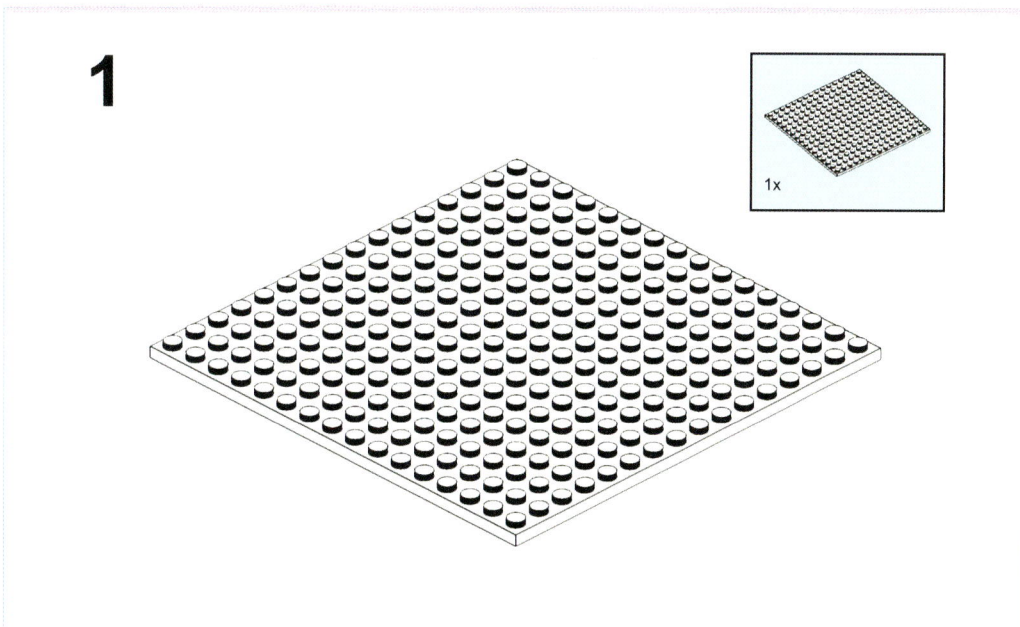

2

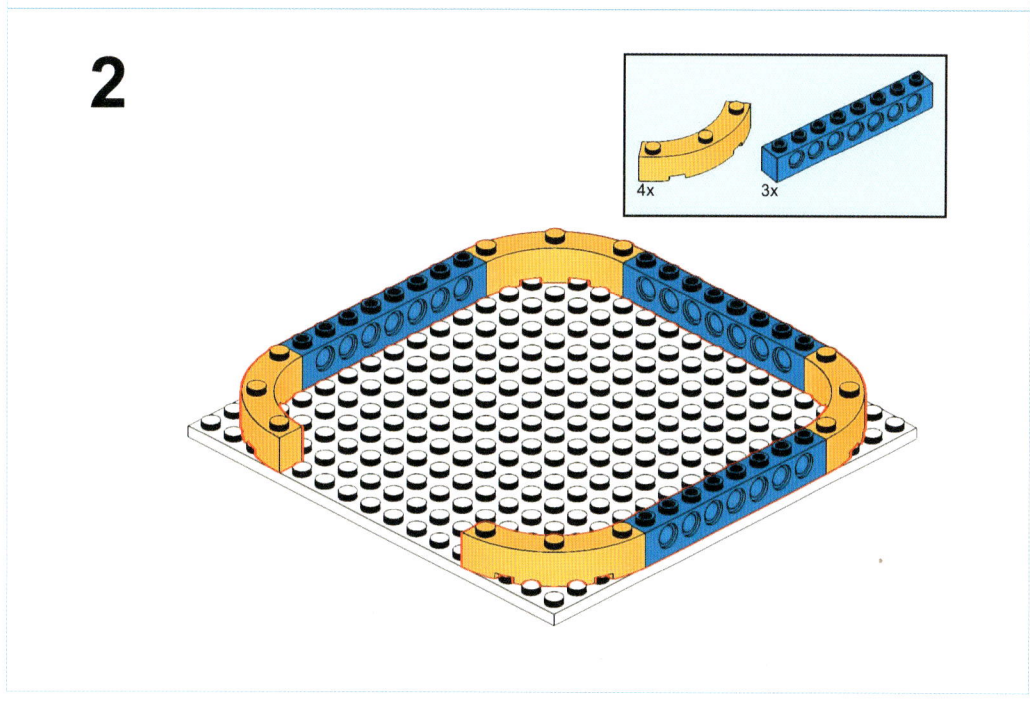

조립가이드 스마트 드론 - 미션 맵

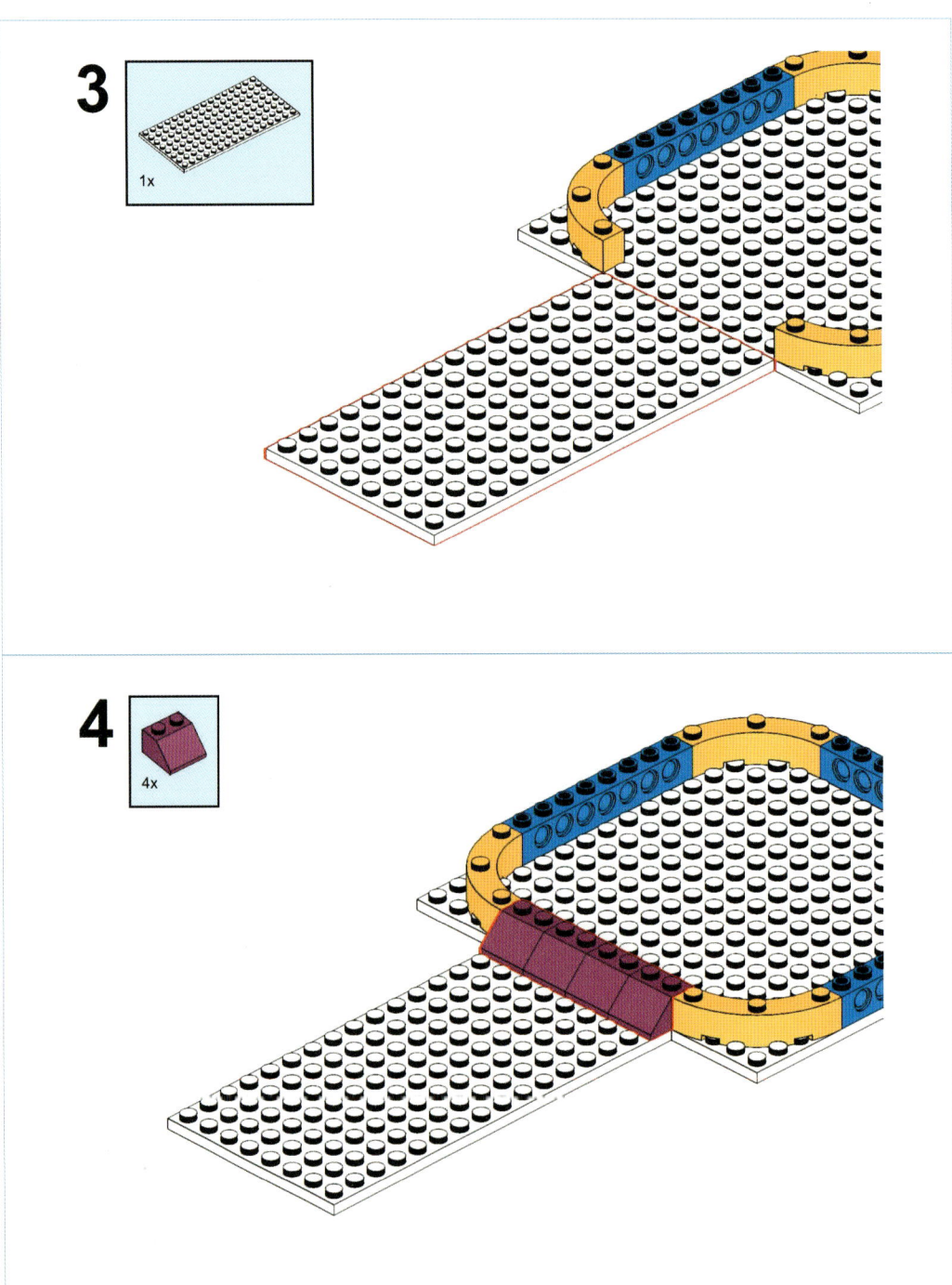

 # 스마트 드론 - 미션 맵

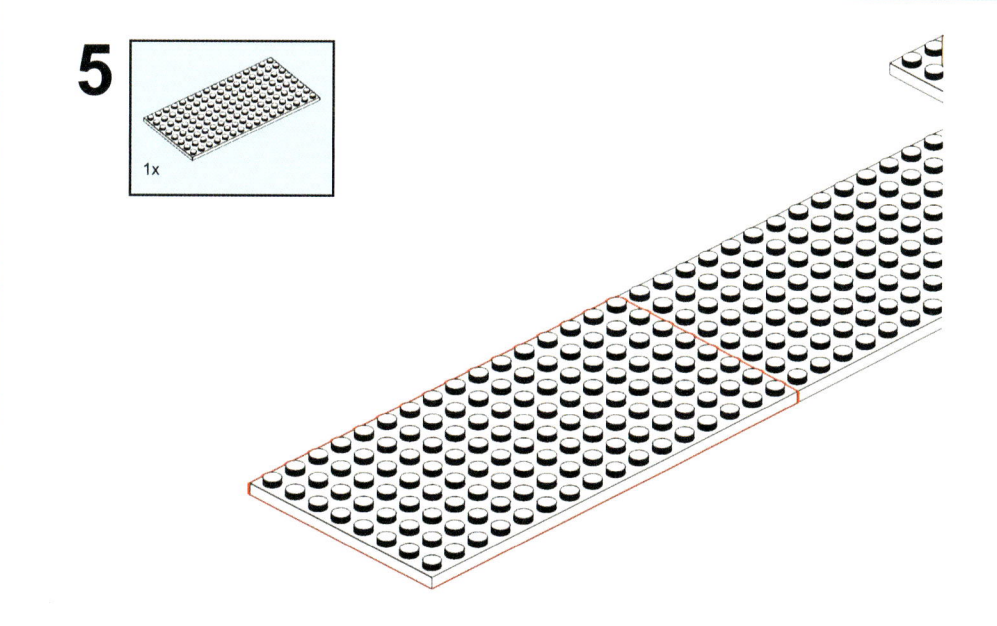

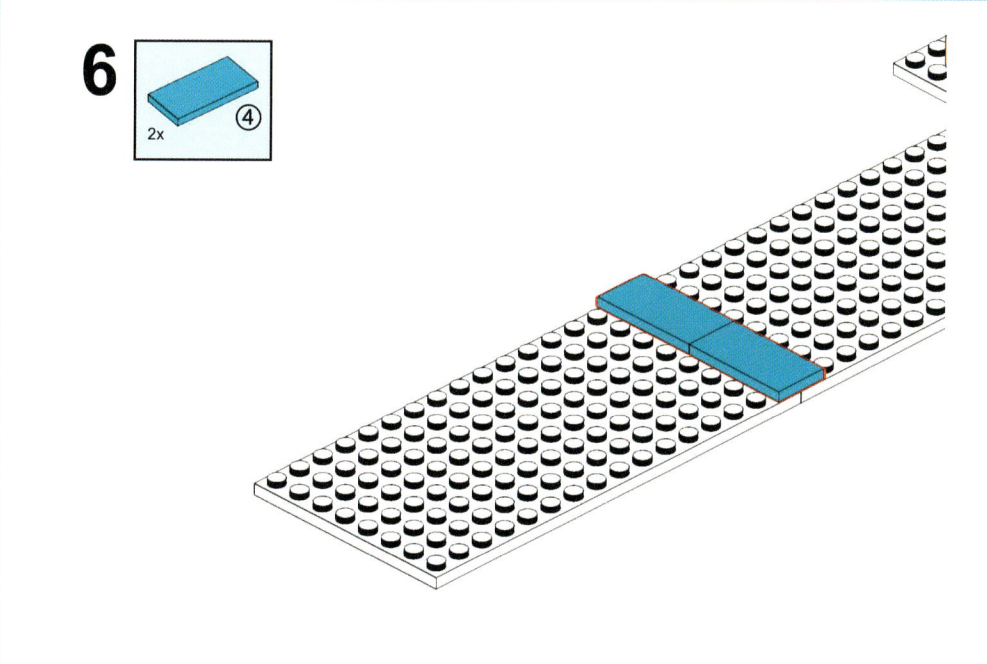

조립가이드 스마트 드론 - 미션 맵

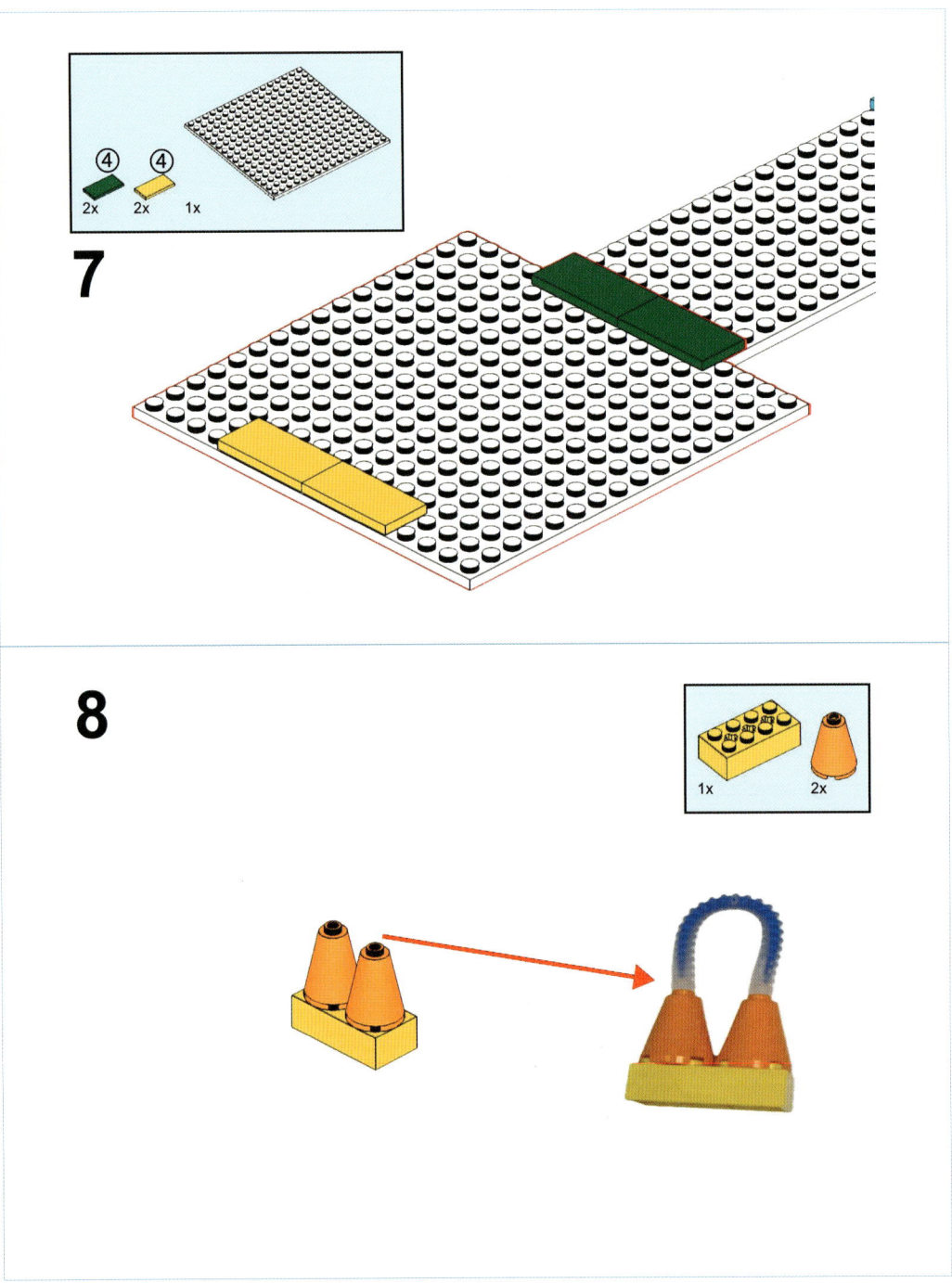

조립가이드 스마트 드론 - 미션 맵

9

10

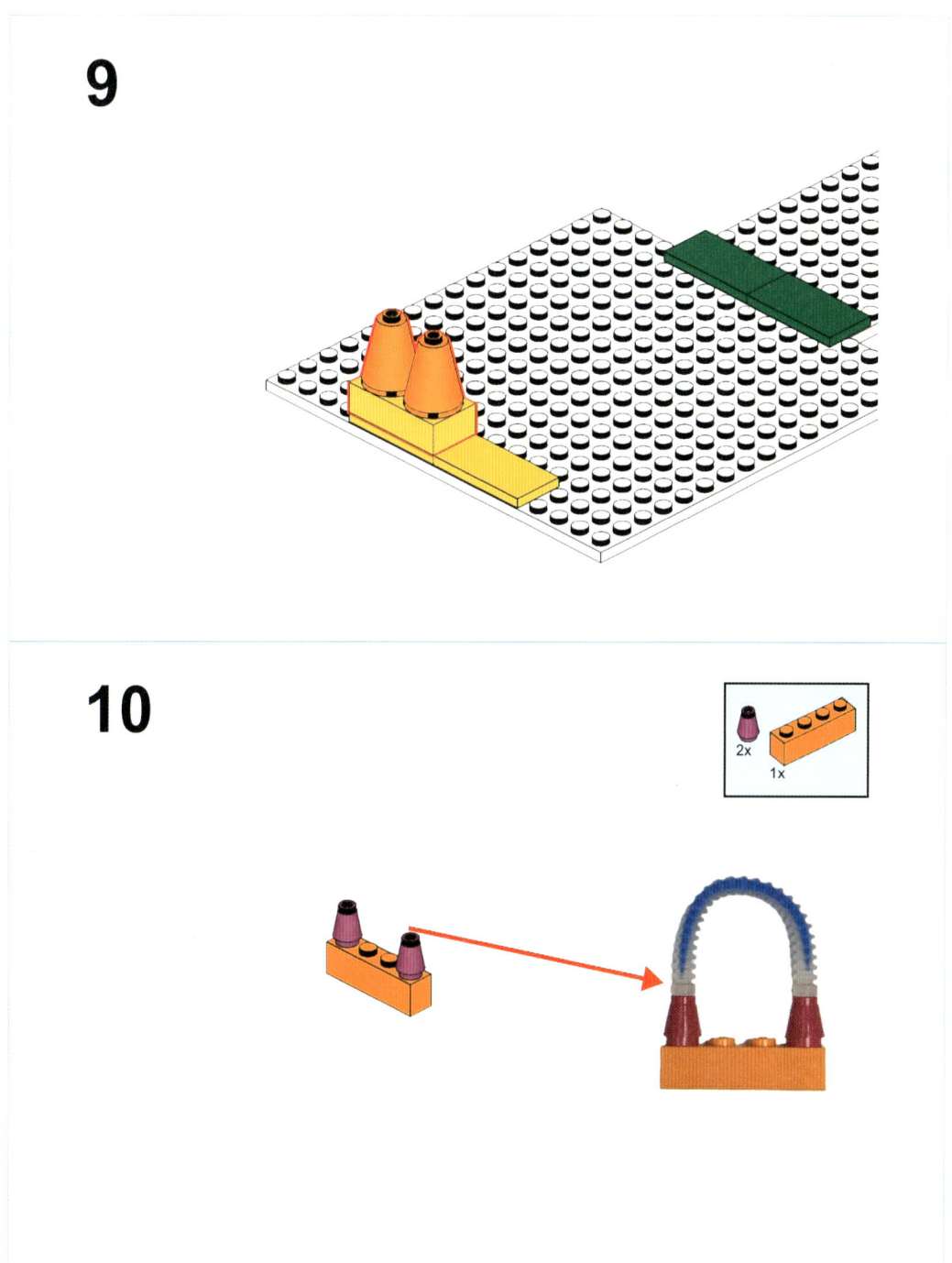

조립가이드 스마트 드론 - 미션 맵

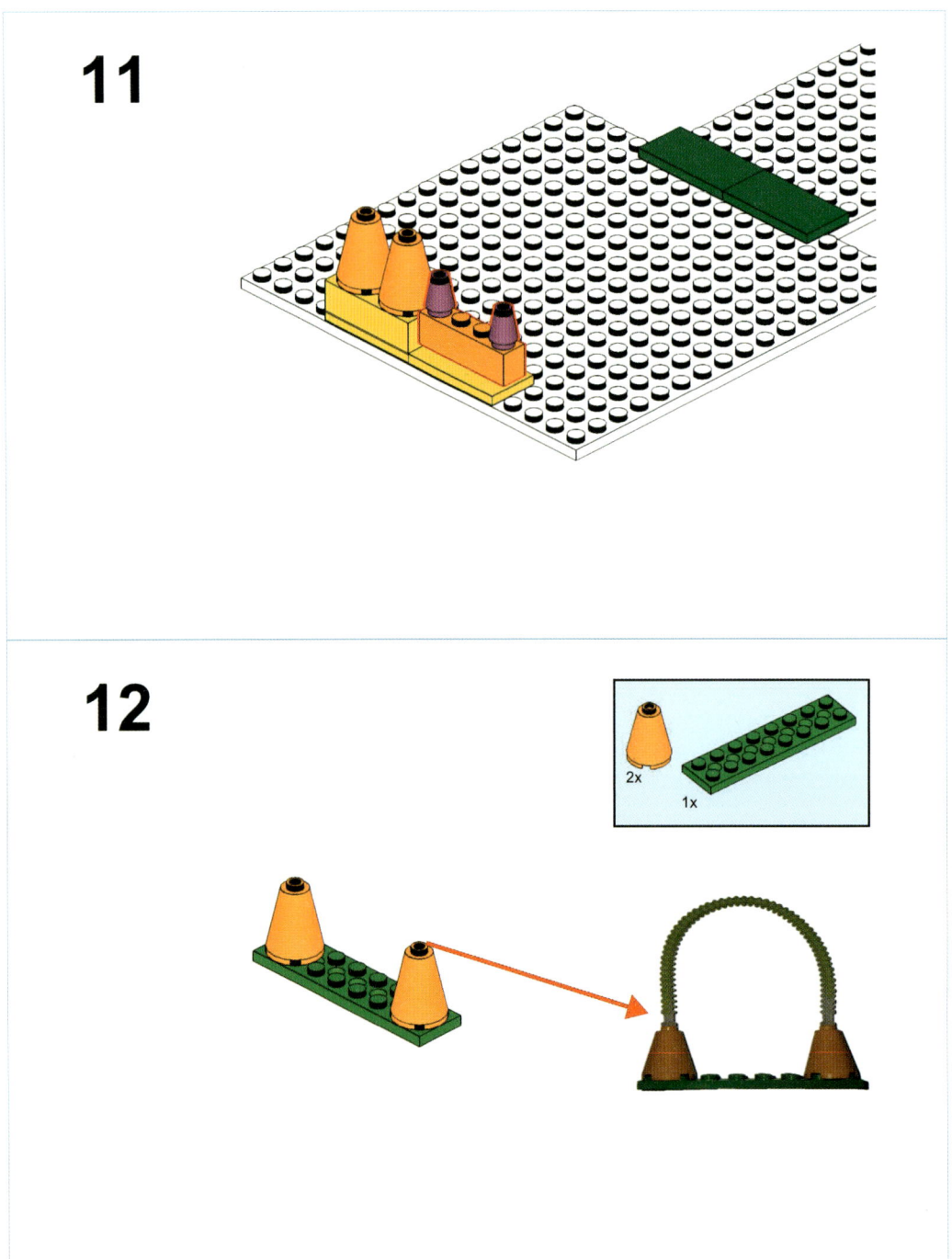

조립가이드 스마트 드론 - 미션 맵

13

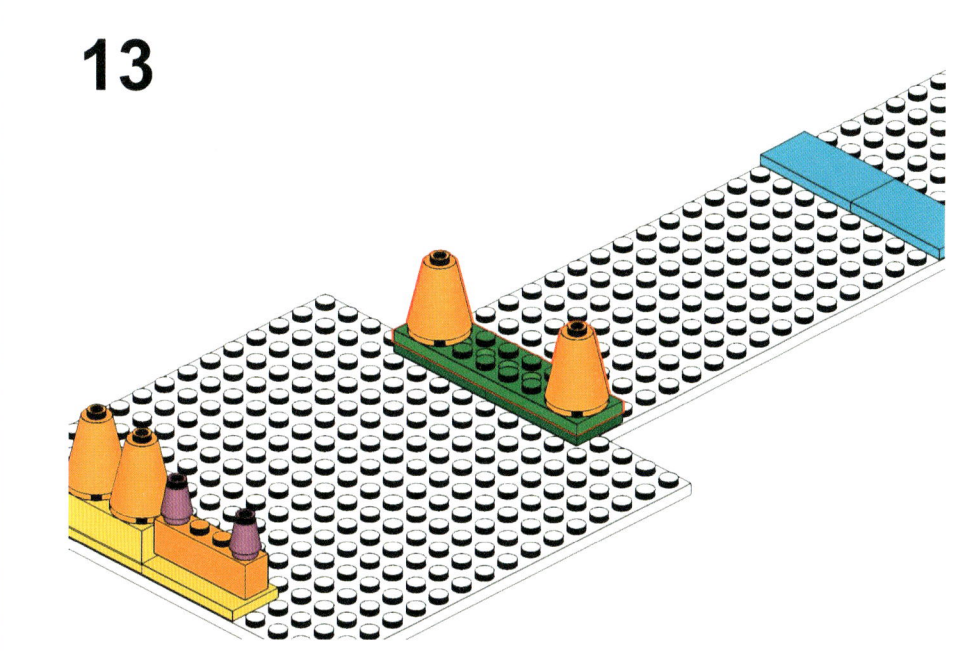

14

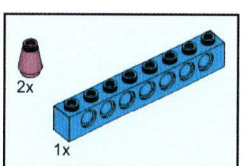

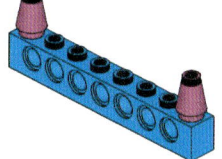
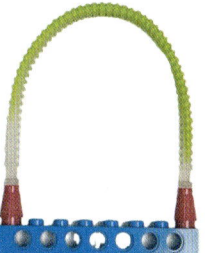

조립가이드 | 스마트 드론 - 미션 맵

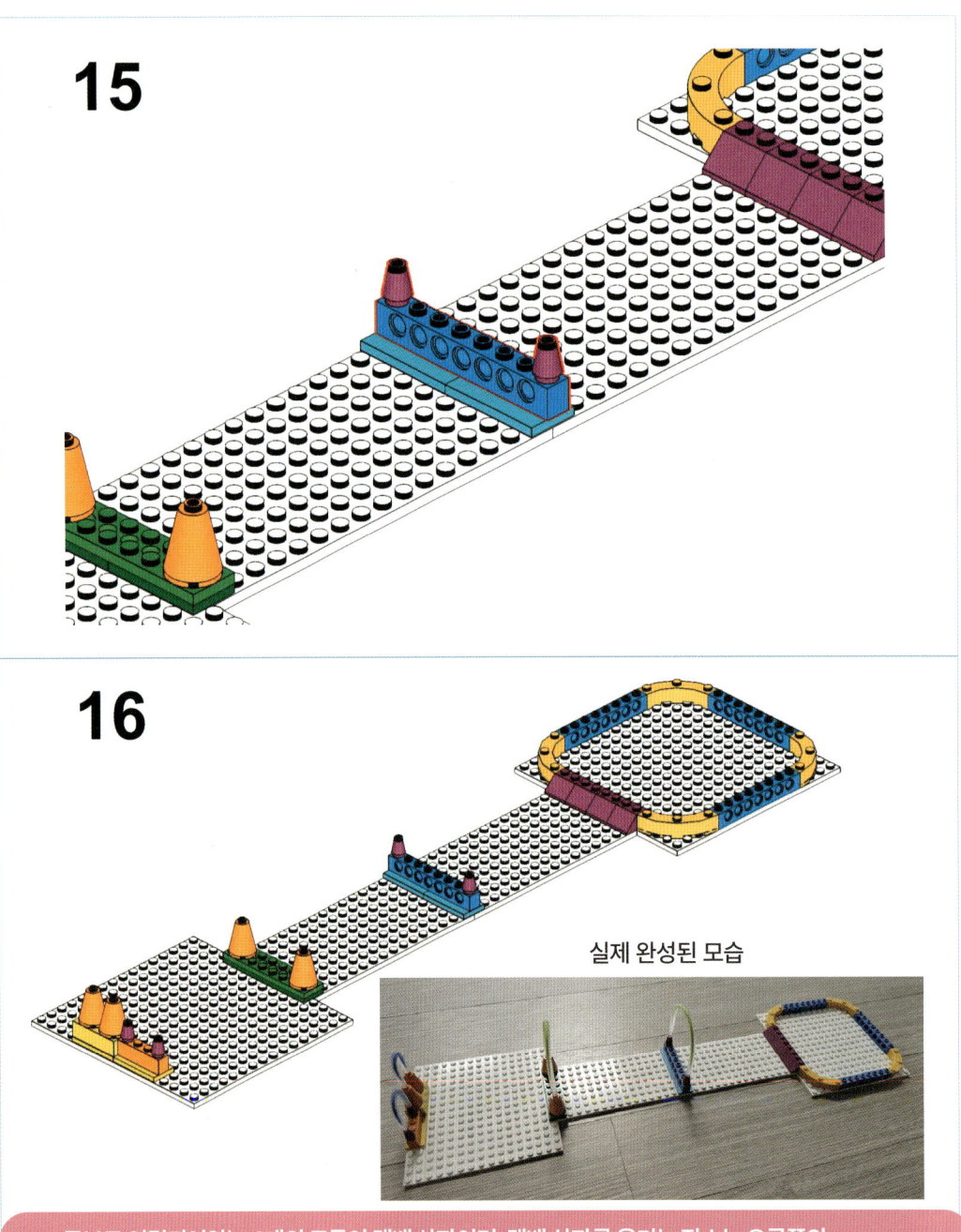

※ 튜브로 연결되어있는 4개의 모듈이 택배 상자이며, 택배 상자를 옮기는 장소는 오른쪽의 타원형 구역입니다.

아래 예시 코딩을 참고하여 **미션 해결**에 도전해 보세요.

예시 1

앞으로 드론을 기울이면
집게가 택배를 집어
3초 후에 내려 놓음

예시 2

앞으로 드론을 기울이면
집게를 오므리고,
뒤로 드론을 기울이면
집게를 벌림

엄마의 점수표

득점 기준	★
10초 안에 택배 1개 옮기기	★ 1개
15초 안에 택배 2개 옮기기	★★ 2개
20초 안에 택배 3개 옮기기	★★★ 3개
30초 안에 택배 4개 옮기기	★★★★ 4개

★ 3개 이상을 획득했을 때 다음 단계로 이동하세요

엄마의 꿀팁

아이가 문제 해결에 어려움을 겪고 있나요?

아이가 엄마에게 도움을 청한다면, 아래 꿀팁을 활용해 보세요.

1. 모터의 속도를 높이면 시간을 단축시킬 수 있어.
2. 제시된 코딩은 0.7초만큼 모터를 움직이는데 숫자를 조절해도 돼.
3. 좌우로 기울이는 코딩을 이용할 수도 있어.
4. 집게 부분에 다른 부품을 추가시키면 택배를 더 잘 집을 수 있지 않을까?

3단계 미션에서 얻을 수 있는 교육적 성과

코딩 능력   수학적 사고력   문제해결력   창의력

4단계 미션 — 축구게임

다음 이야기에 등장하는 '축구게임'을 함께 만들고, 미션 해결에 도전해 보세요.

예준이가 중요한 축구 경기에서 패널티킥을 시도합니다. 공은 골대를 향해 날아가지만, 아쉽게도 골대를 맞고 빗나갑니다. 얼굴에는 깊은 실망과 좌절이 드러나고, 주변 친구들은 놀란 표정으로 이를 지켜봅니다.

잔디에 앉아 낙담한 모습입니다. 하지만 이내 주먹을 꽉 쥐고 다시 도전하려는 결연한 표정을 짓습니다.

운동장에서 패널티킥을 반복해서 연습하는 장면입니다. 땀을 흘리며 집중하는 모습이 인상적이며, 점점 더 정확하게 공을 차서 골문에 넣고 있습니다.

중요한 경기에서 예준이가 멋지게 페널티킥을 성공시켰습니다. 기쁨에 가득 차 두 팔을 번쩍 들어 올리며 승리를 만끽합니다. 주변 친구들도 함께 축하하며 환호하는 모습입니다.

축구게임

다음 조립 가이드에 따라 '축구게임'을 조립하세요.

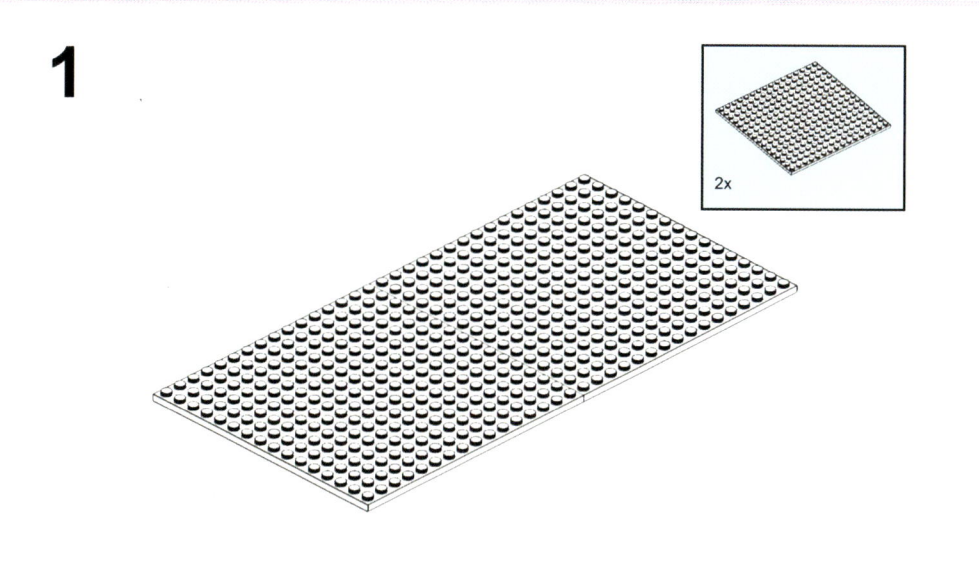

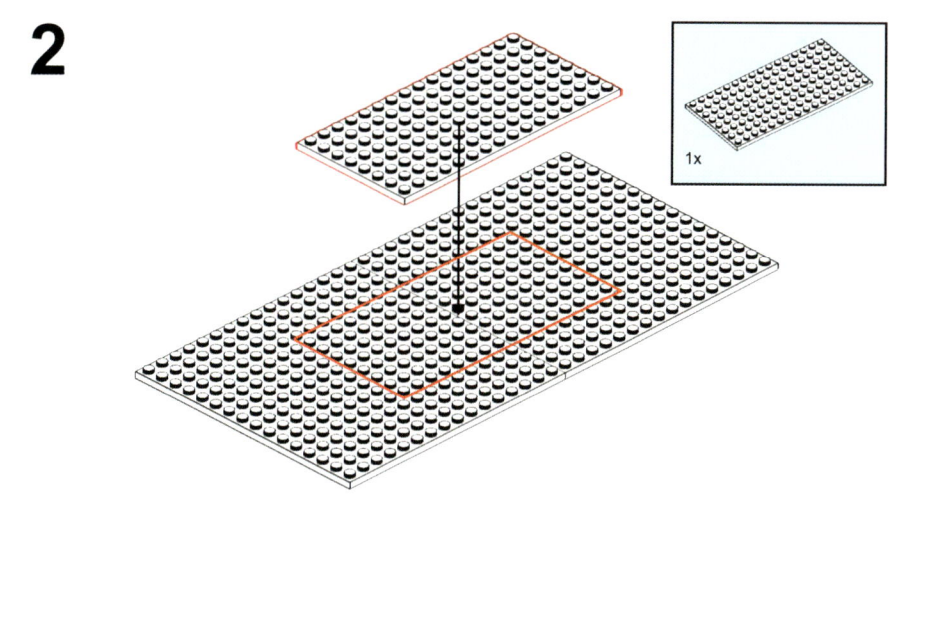

조립가이드 # 축구게임

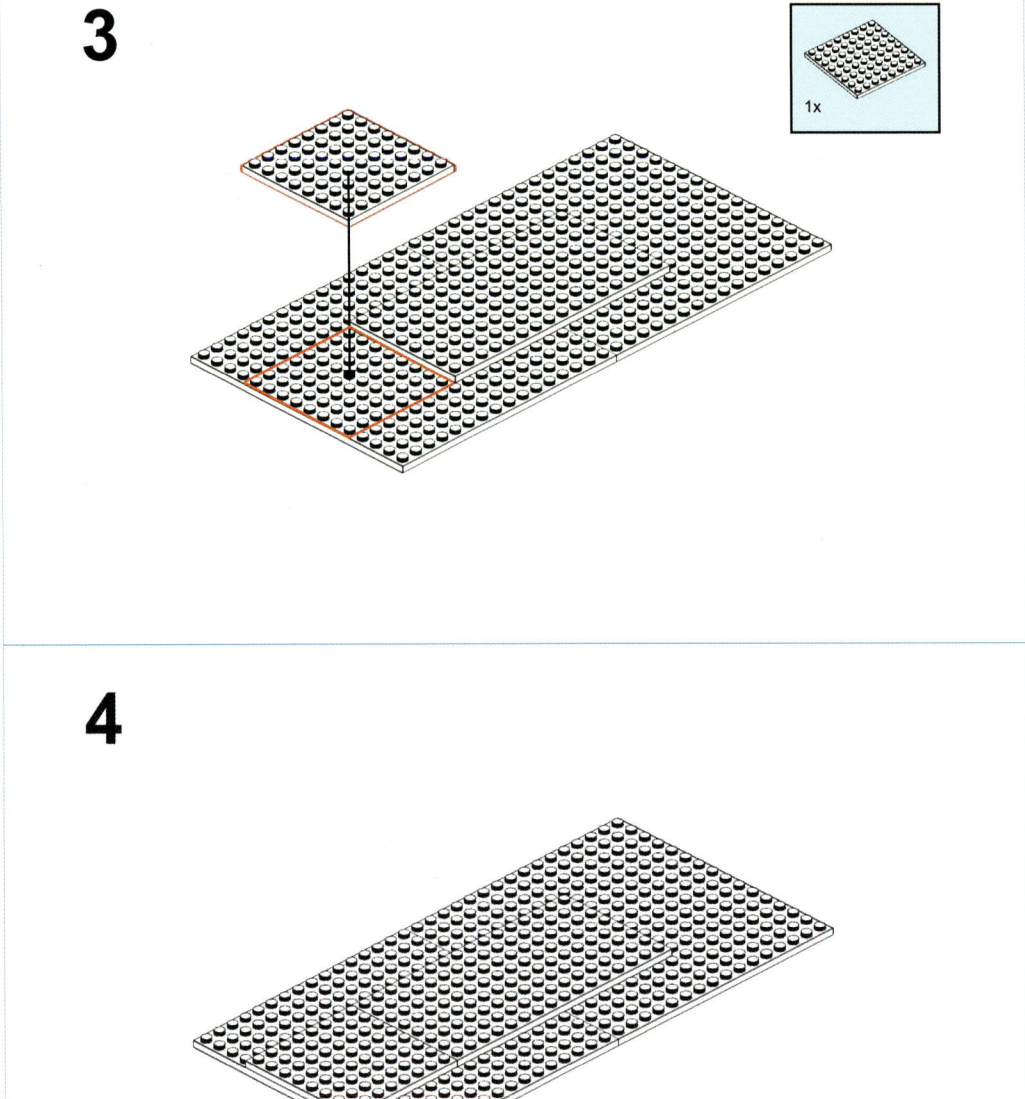

조립가이드 **축구게임**

5

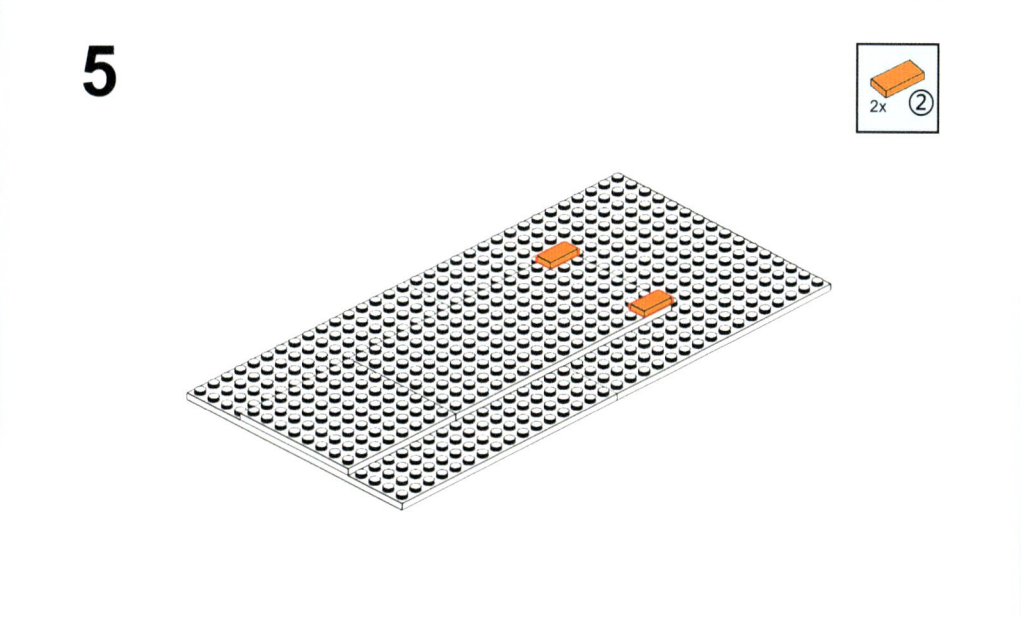

6

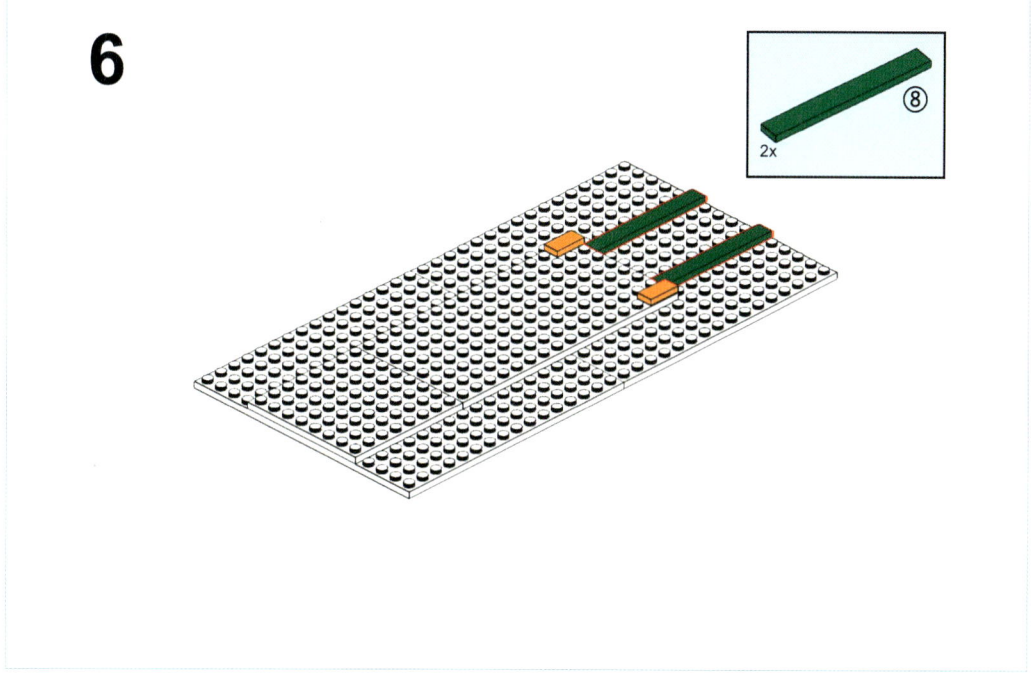

 **축구게임**

7

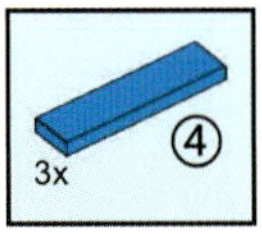

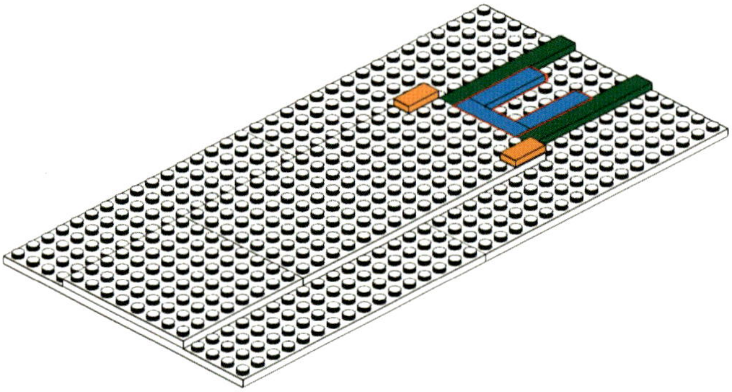

8

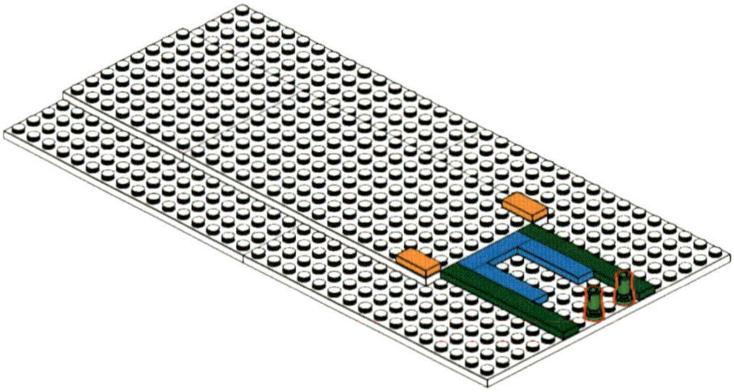

조립가이드 축구게임

9

10

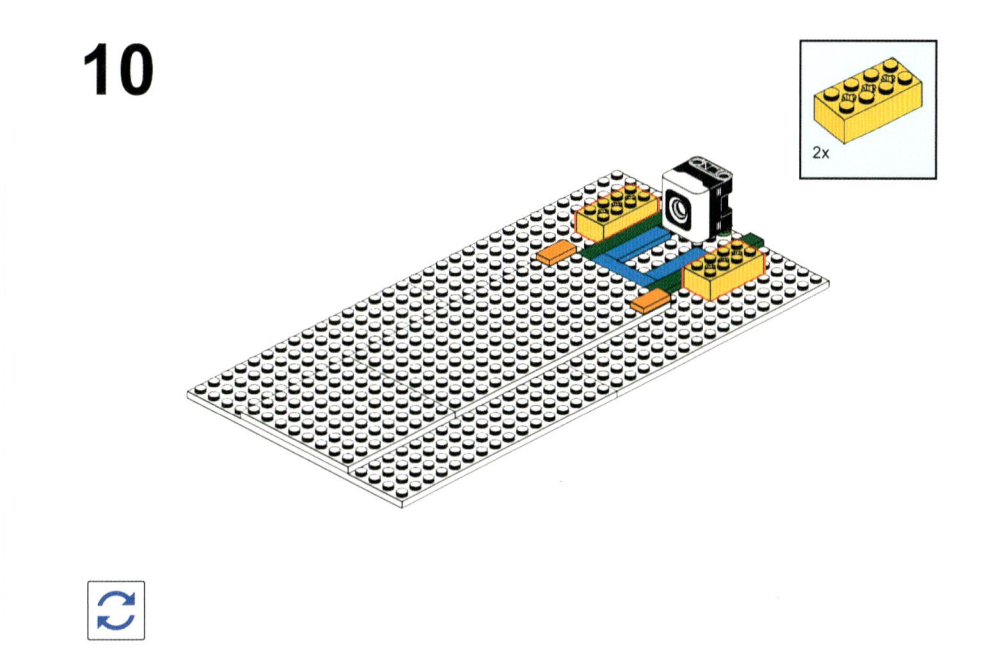

조립가이드 축구게임

11

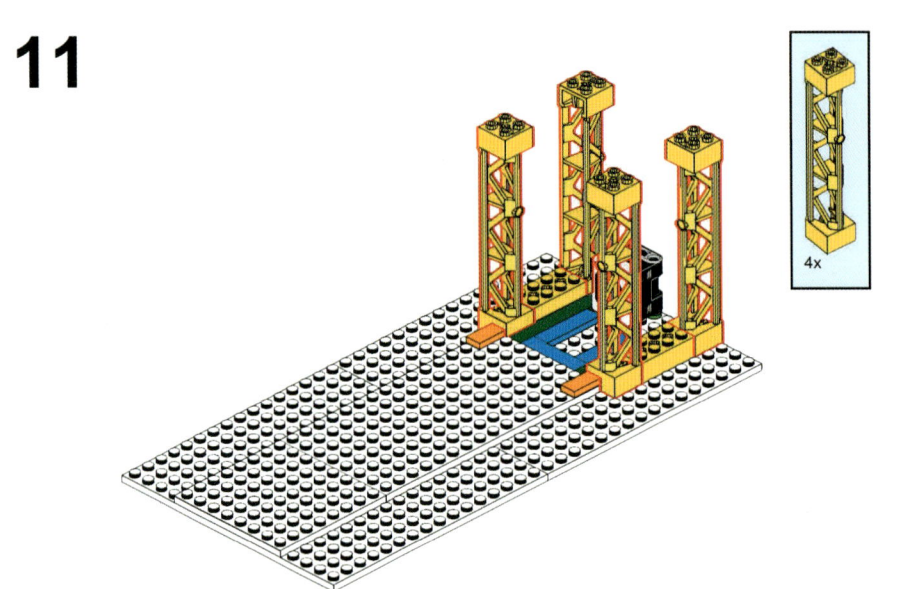

12

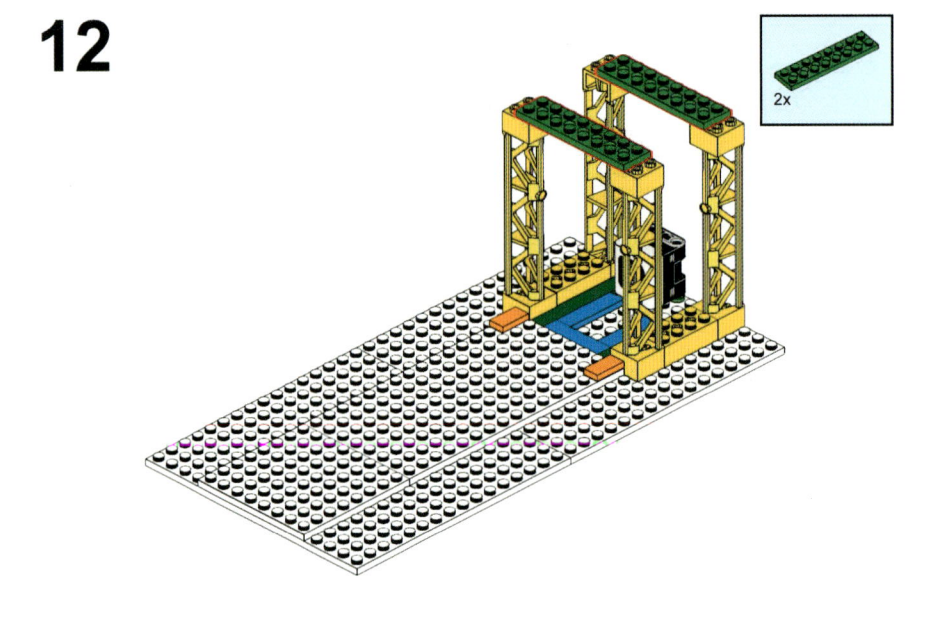

조립가이드 축구게임

13

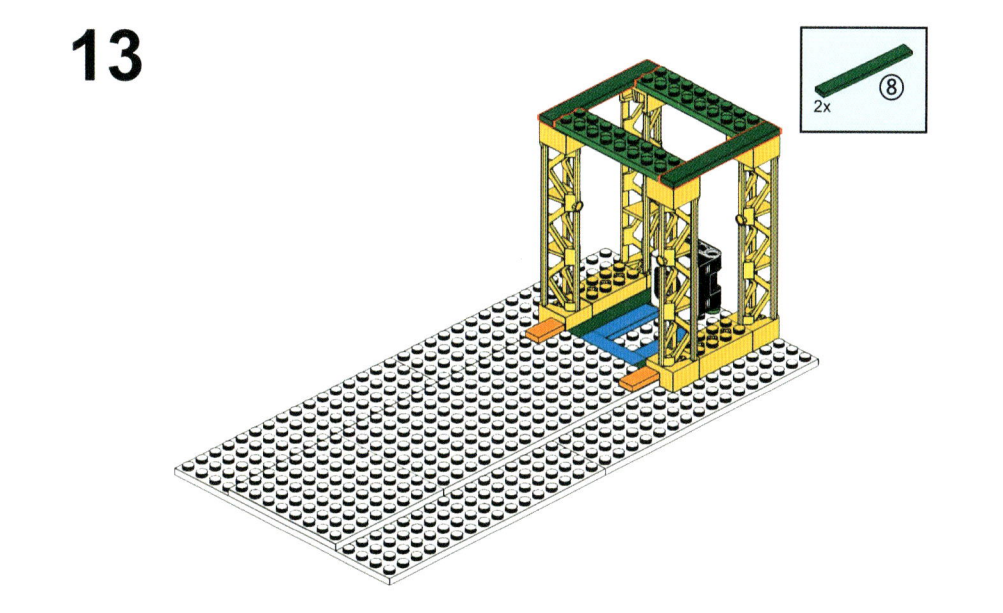

14

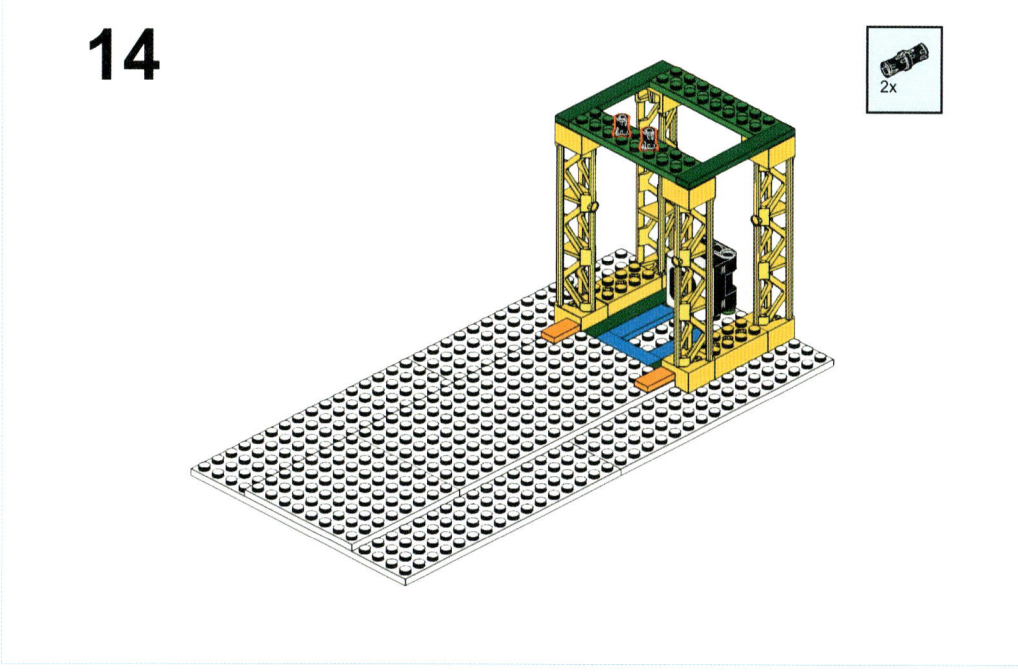

조립가이드 축구게임

15

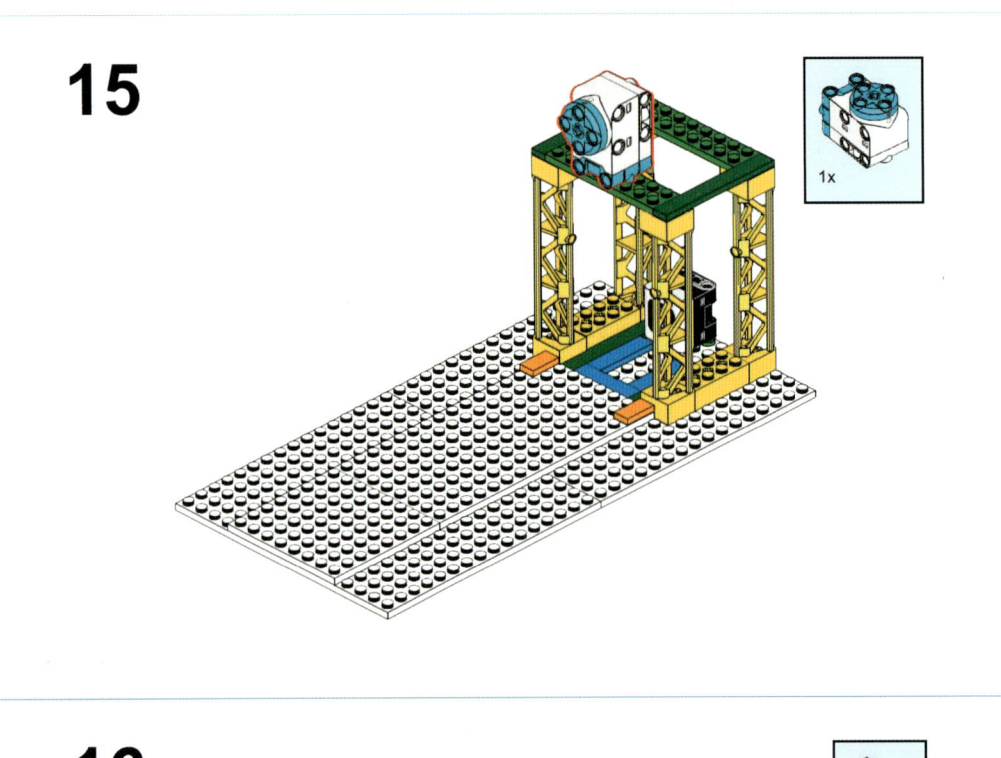
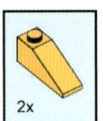
1x

16

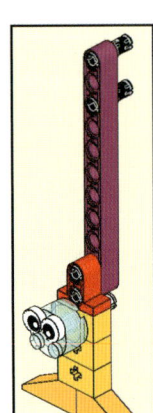
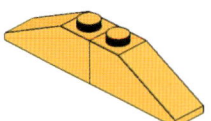
2x

조립가이드 축구게임

17

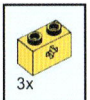

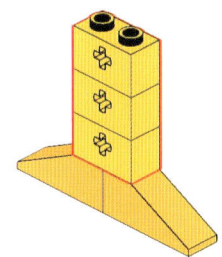

18

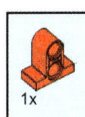

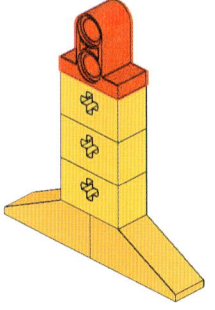

조립가이드 축구게임

19

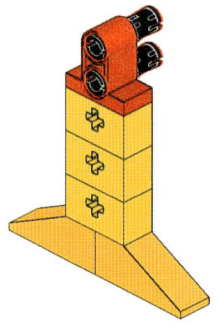

20

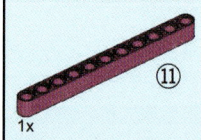

조립가이드 **축구게임**

21

22

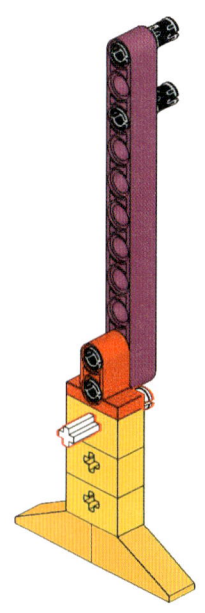

조립가이드 축구게임

23

24

조립가이드 축구게임

25

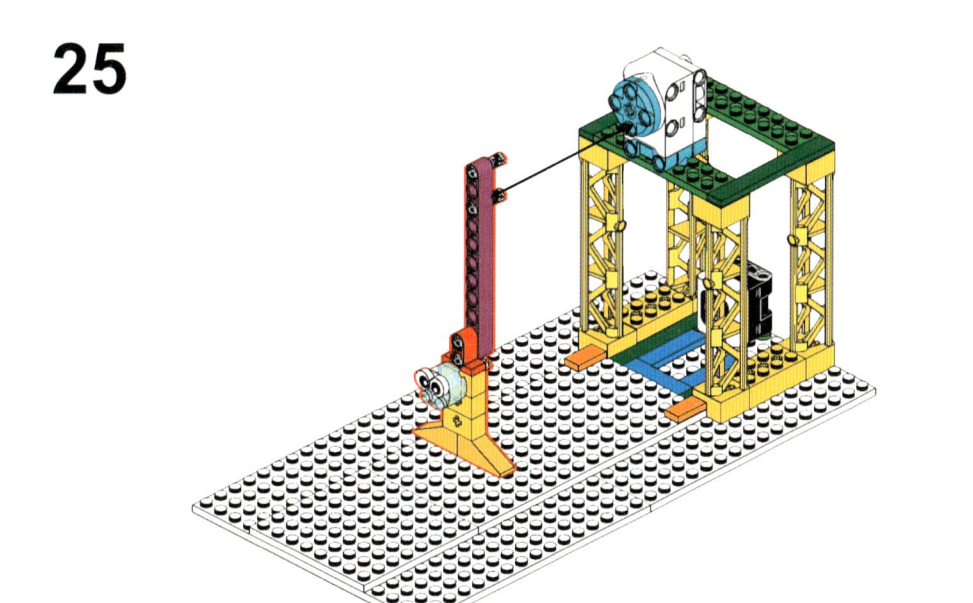

26

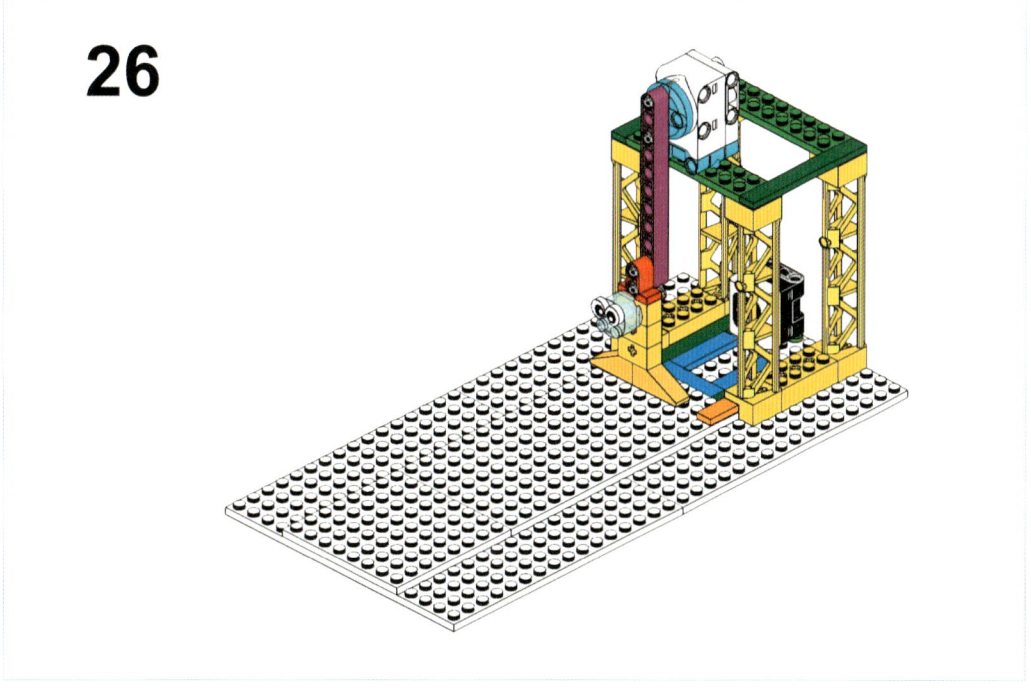

조립가이드 축구게임

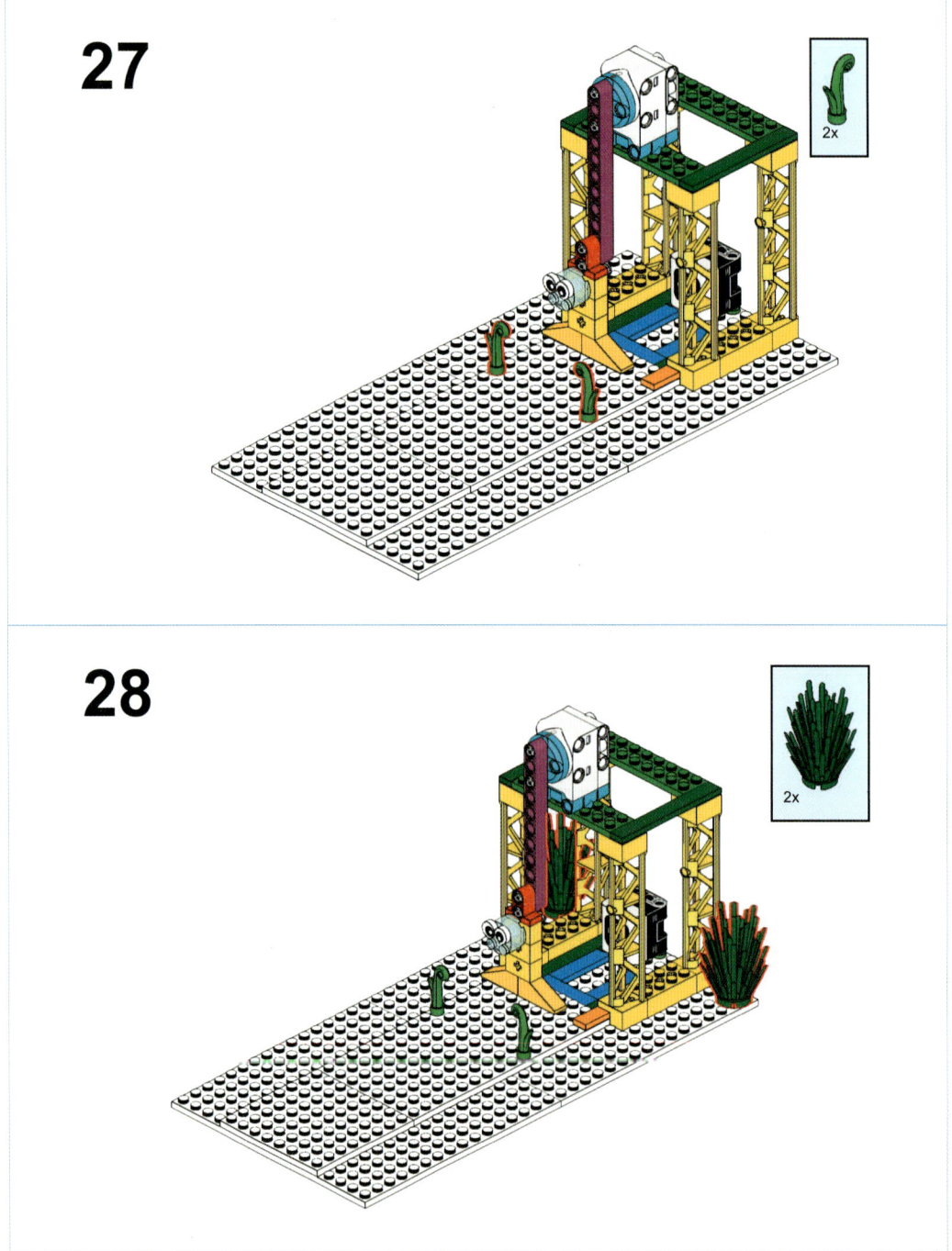

27

28

조립가이드 **축구게임**

29

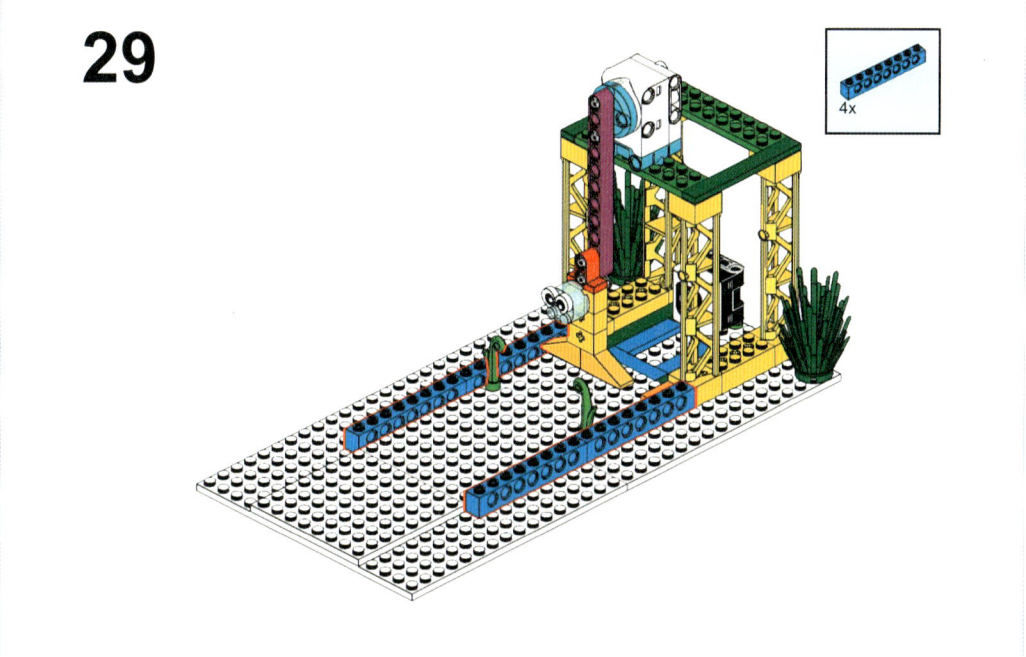

30

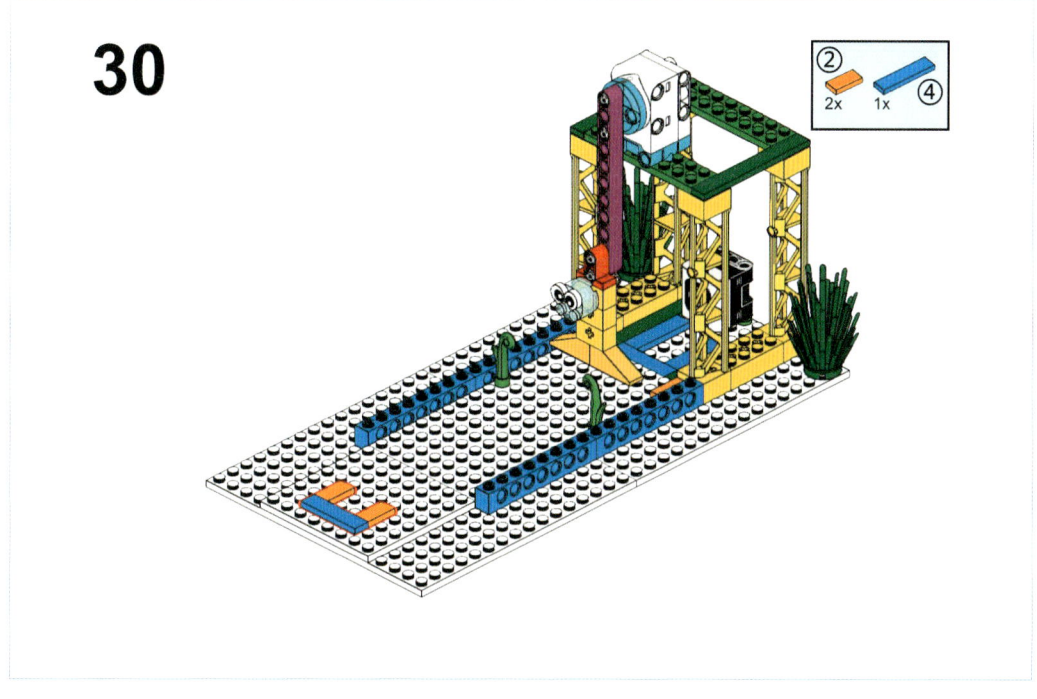

조립가이드 **축구게임**

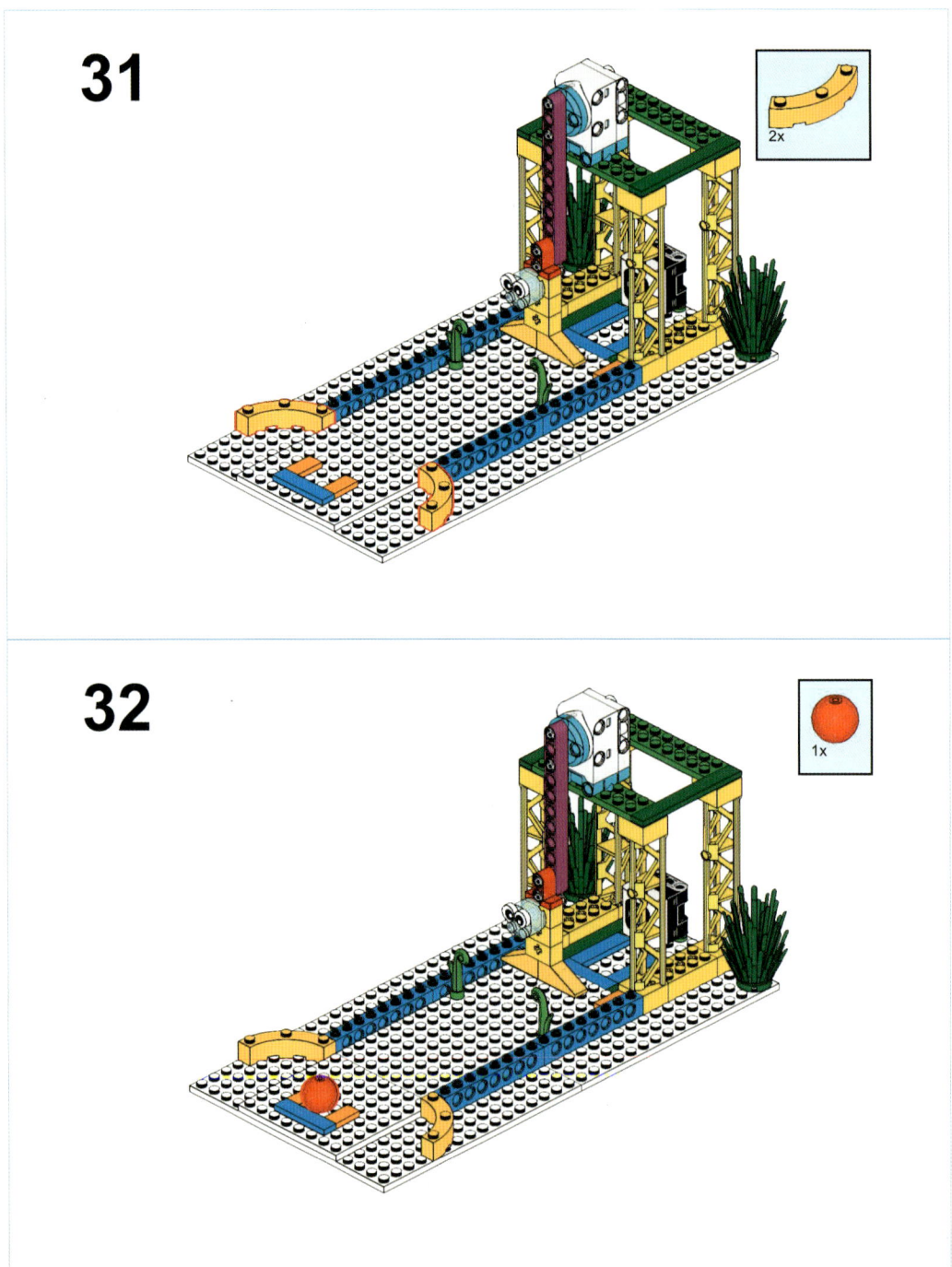

조립가이드 축구게임

33

34
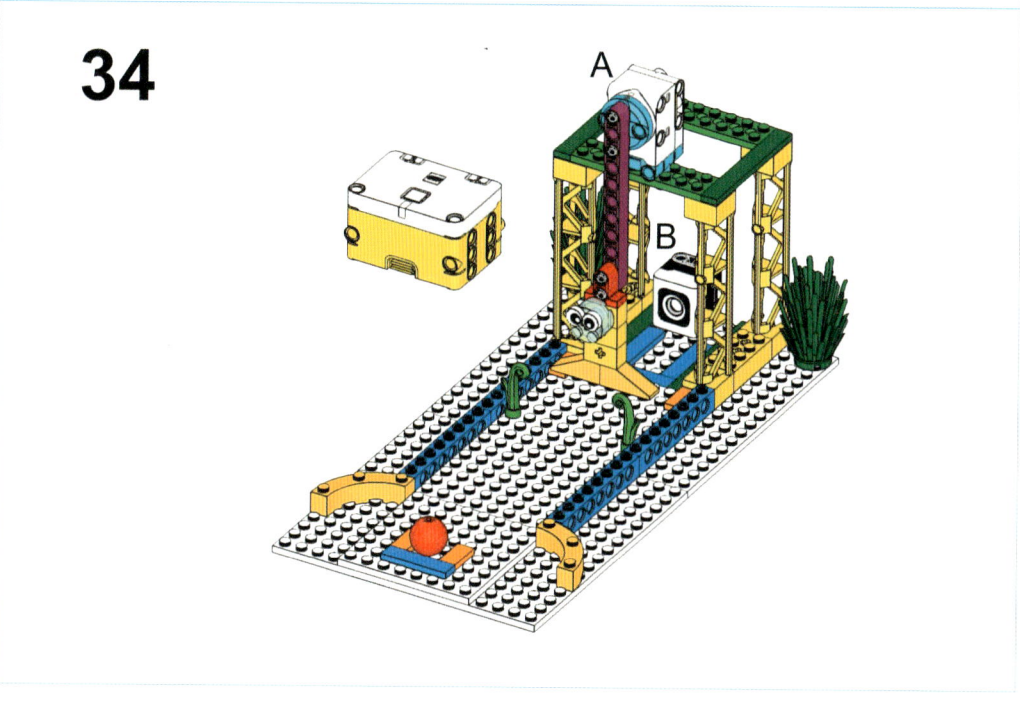

아래 예시 코딩을 참고하여 **미션 해결에** 도전해 보세요.

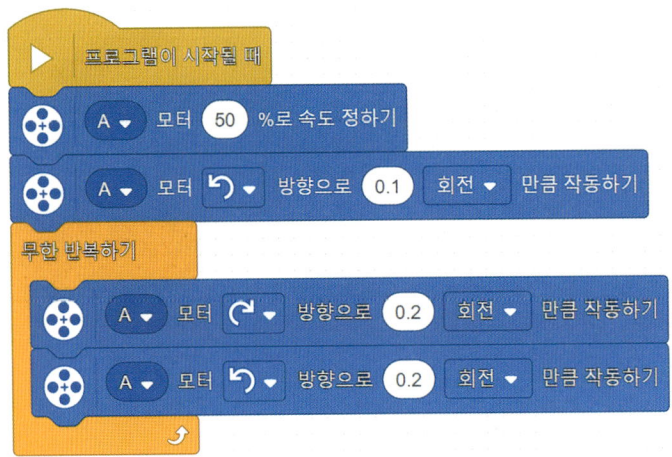

 엄마의 점수표

득점 기준	★
10번 중에 3번 이상 성공하고 박수소리 재생시키기	★ 1개
10번 중에 5번 이상 성공하고 박수소리 재생시키기	★★ 2개
10번 중에 7번 이상 성공하고 박수소리 재생시키기	★★★ 3개
골키퍼 움직임을 더 어렵게 만들어서 축구게임하기	★★★★ 4개
★ 3개 이상을 획득했을 때 다음 단계로 이동하세요	

게임방법!

좌우로 움직이는 로봇 골키퍼를 피해 손가락으로 공을 튕겨서 골대안으로 집어넣으세요. 로봇의 움직임과 속도는 여러분이 직접 코딩으로 변경할 수 있습니다.

엄마의 꿀팁

아이가 문제 해결에 어려움을 겪고 있나요?
아이가 엄마에게 도움을 청한다면, 아래 꿀팁을 활용해 보세요.

1. A모터의 속도를 조절하면 난이도를 조절할 수 있지 않을까?
2. 로봇 골키퍼의 동작을 좀 더 복잡하게 만들 수 있지 않을까? 예를 들어 골대 가운데에서 잠깐 멈추는 동작을 추가시킨다면 난이도가 높아지겠지?
3. 컬러 센서가 빨간색을 인식하면 환호성이 나오는데 나만의 박수소리를 녹음시켜서 재생시켜볼까?

4단계 미션에서 얻을 수 있는 교육적 성과

| 컬러 센서를 활용한 코딩 능력 | 수학적 사고력 | 과학적 사고력 | 창의력 | 문제해결력 |

> **5단계 미션**

자율주행 우리동네 환경지킴이

다음 이야기에 등장하는 '자율주행 분리수거차'를 함께 만들고, 미션 해결에 도전해 보세요.

동환이는 호기심 많고 활발한 초등학교 3학년 학생입니다. 자율주행 분리수거차가 다가오는 것을 보고 흥분하며 달려가서 지켜봅니다.

자율주행 트럭이 집 앞에 멈추고, 깔끔하게 정돈된 분리수거 통을 로봇 팔로 부드럽게 집어들어 재활용품을 분류합니다. 동환이가 이 과정을 신기하게 바라보며 가까이에서 지켜봅니다.

동환이가 트럭을 향해 신나게 손을 흔듭니다. 트럭은 디지털 화면에 엄지척이나 웃는 얼굴 같은 애니메이션을 표시하며 친근하게 응답합니다.

트럭이 일을 마치고 거리를 따라 이동하는 장면입니다. 트럭을 따라 달리며 손을 흔드는 동환이는 미래의 기술에 대한 기대감으로 가득 찬 모습입니다.

 자율주행 분리수거차

다음 조립 가이드에 따라 '자율주행 분리수거차'를 조립하세요.

1

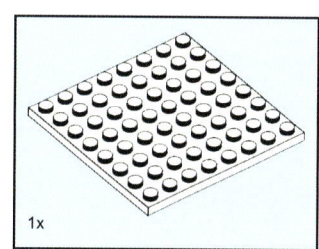

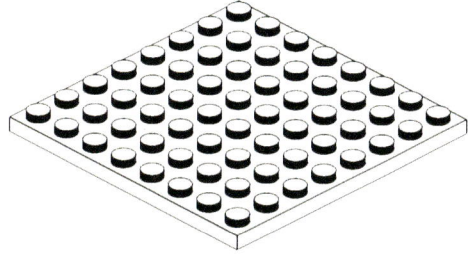

2

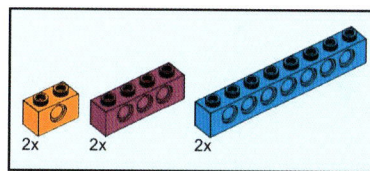

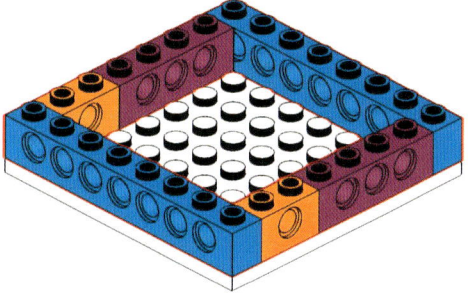

조립가이드 **자율주행 분리수거차**

3

1x

4

4x

조립가이드 자율주행 분리수거차

5

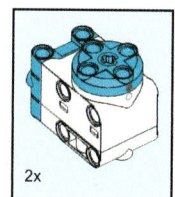

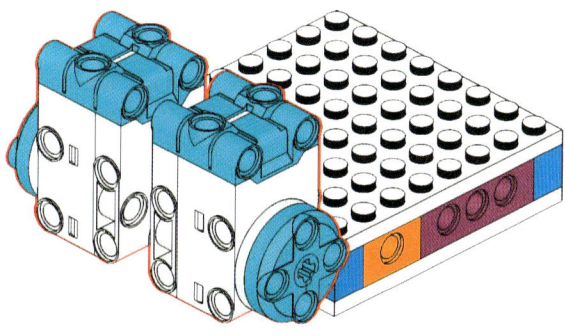

6

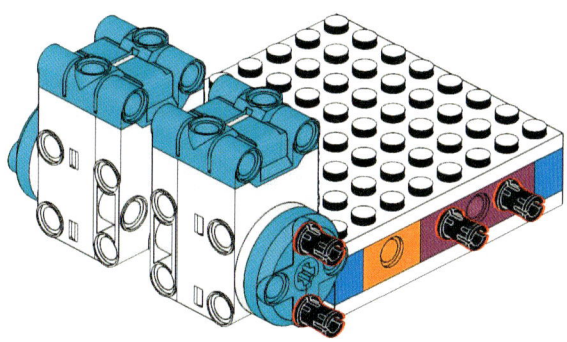

조립가이드 자율주행 분리수거차

7

1x 1x ⑦

8

4x

조립가이드 자율주행 분리수거차

9

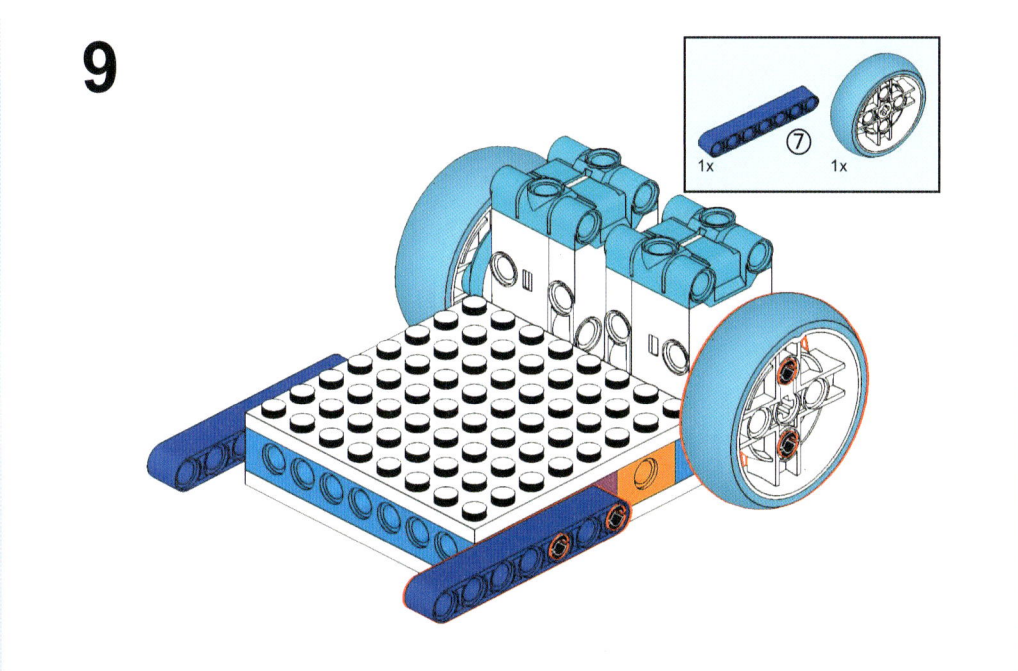

10

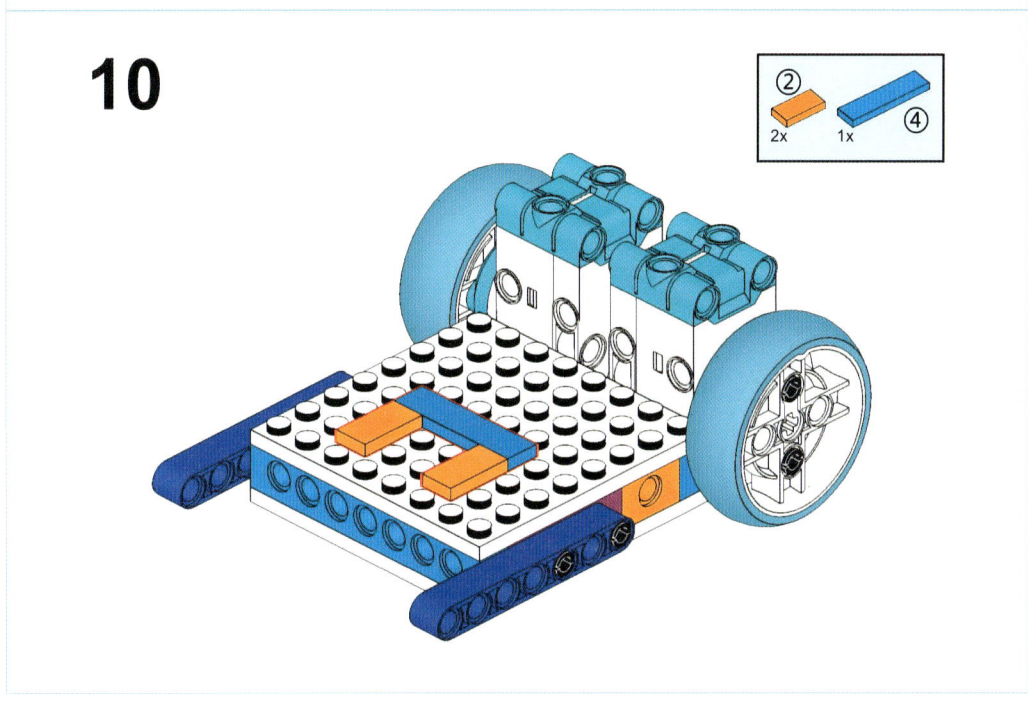

조립가이드 자율주행 분리수거차

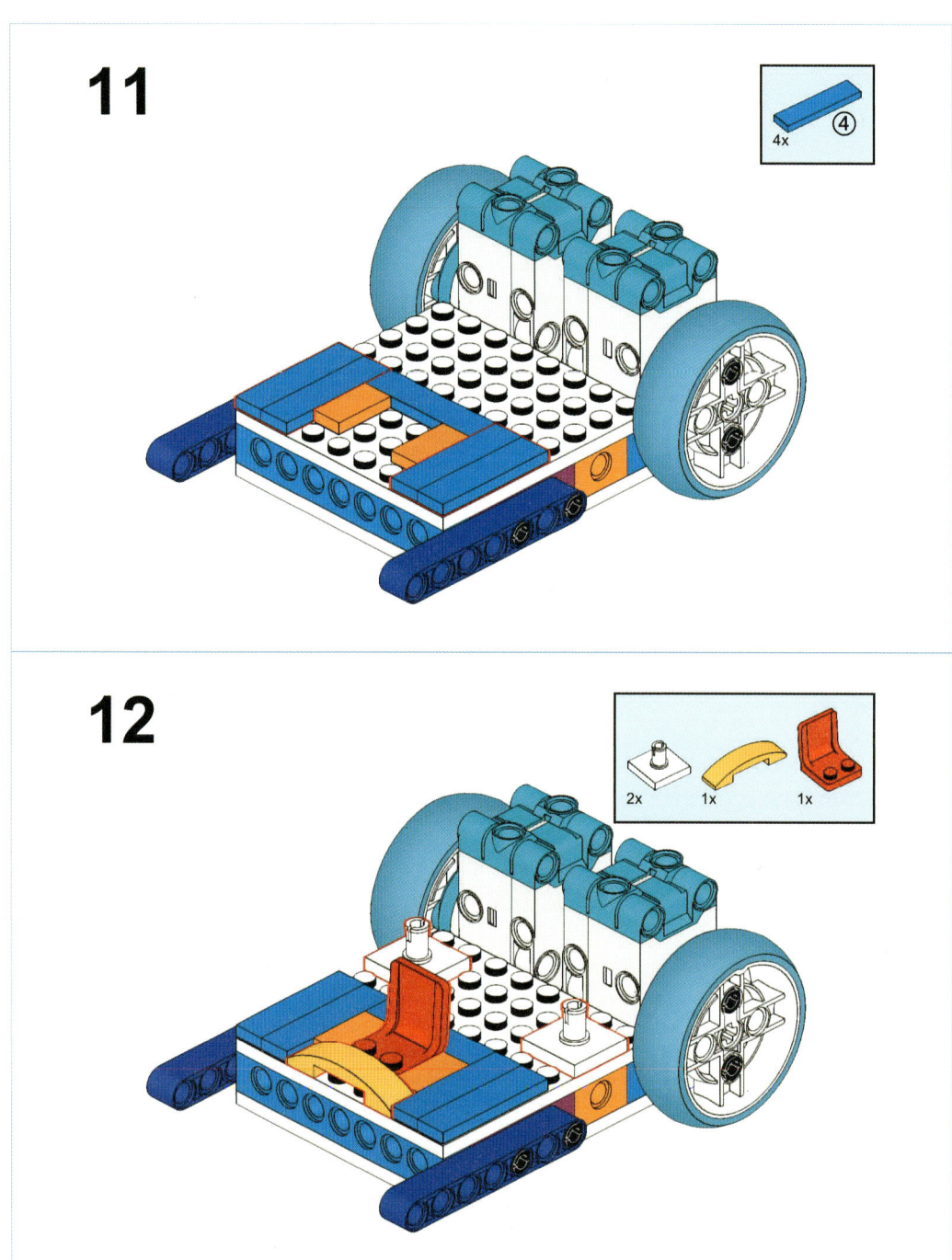

조립가이드 **자율주행 분리수거차**

13

14

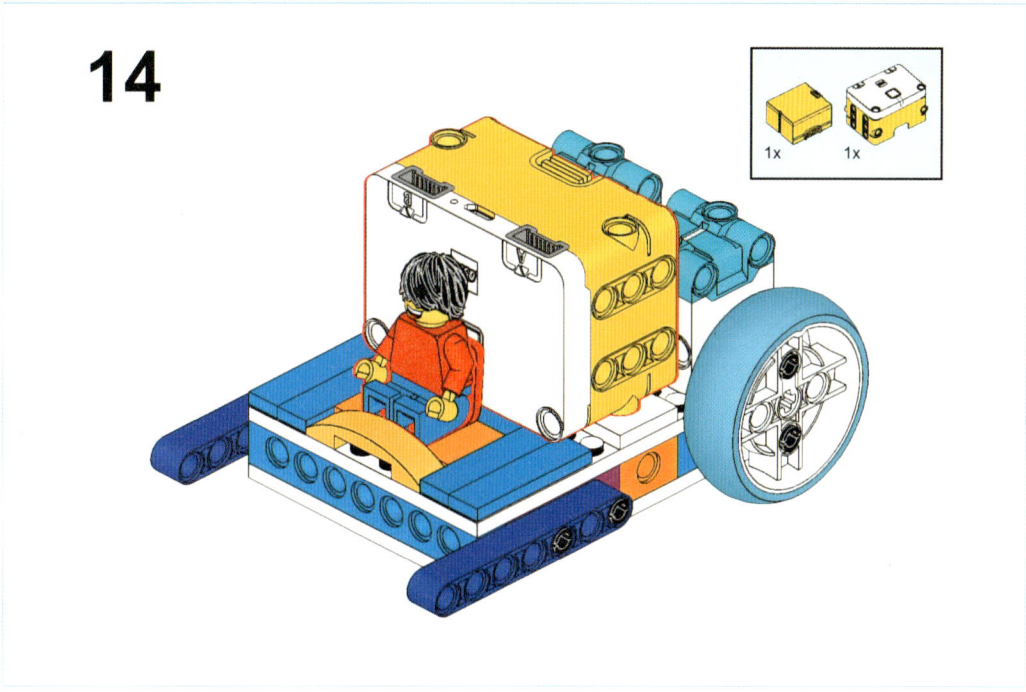

조립가이드 자율주행 분리수거차

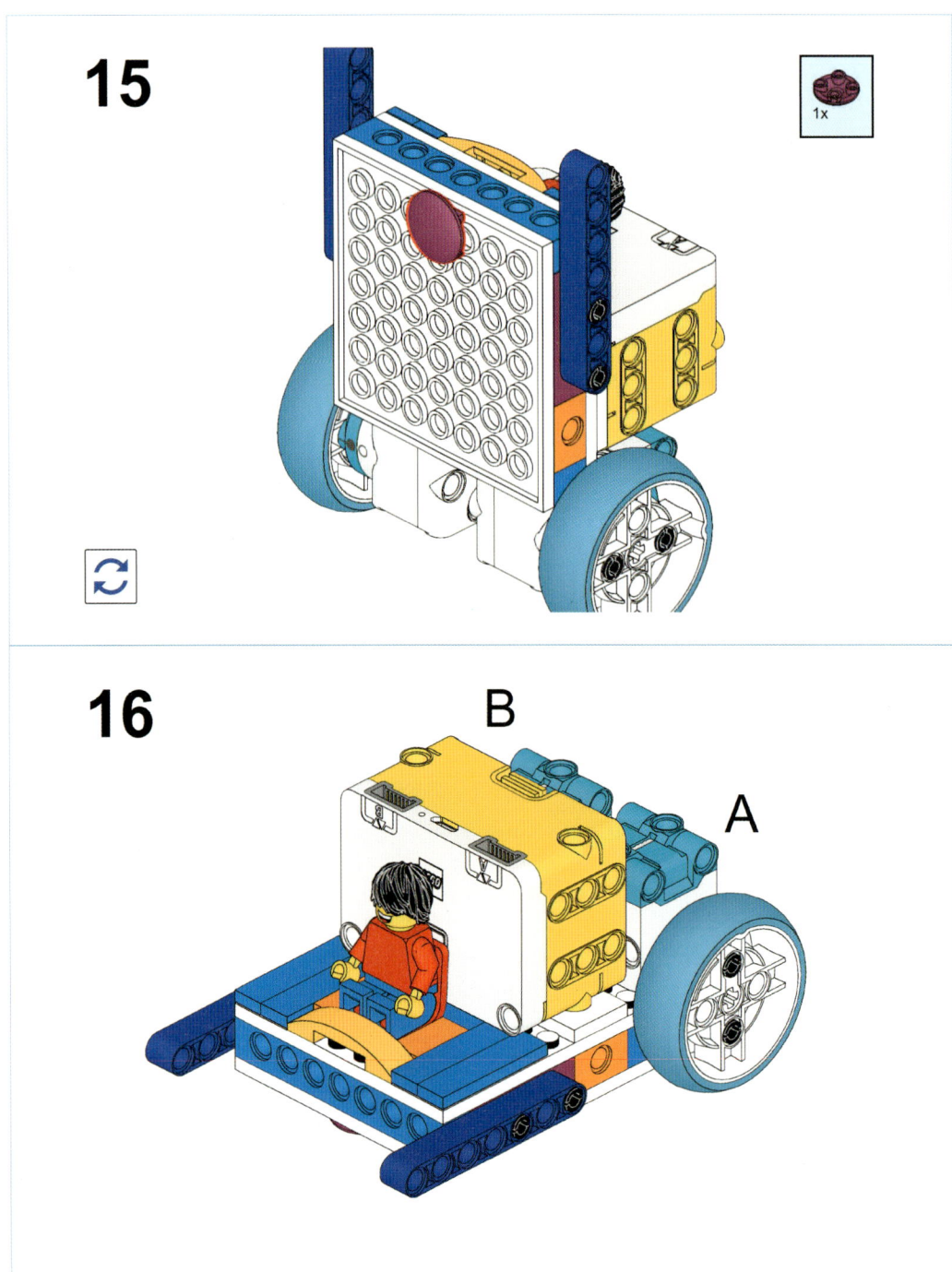

5단계 미션 시, 미션 매트와 분리수거용 상자를 준비해야 합니다.

- **미션 매트** – 아래 그림과 같은 매트를 사용하며, 이 책의 맨 뒤에 포함되어 있습니다.

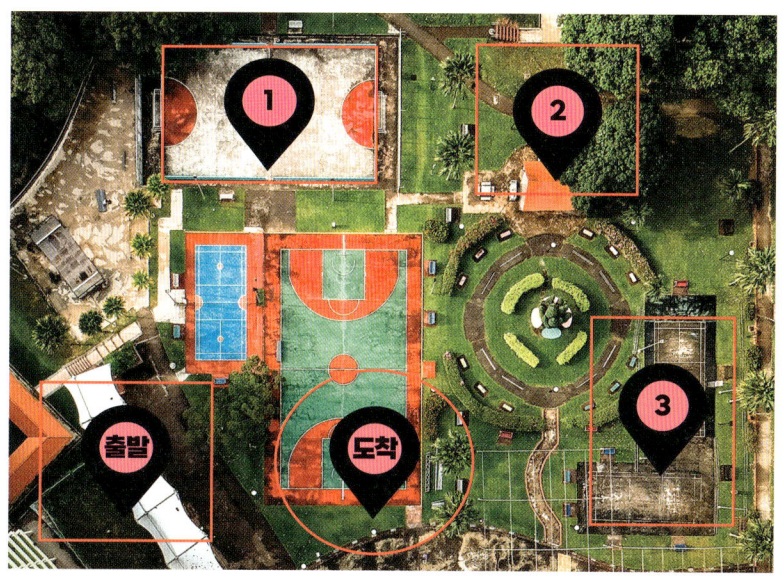

- **분리수거용 상자** – 스파이크 에센셜 세트에 들어 있는 2X4 브릭을 2개씩 겹쳐서 아래 그림과 같이 총 3개를 준비합니다. 브릭의 색깔은 중요하지 않습니다.

게임방법!

출발지점의 경계선 안에서 출발하여 1번, 2번, 3번 구역에 있는 상자를 도착지점(분리수거장)으로 옮기세요. 먼저 1개씩 옮기고, 1개씩 옮기기가 잘 되면 여러 개를 한꺼번에 옮기기에도 도전하세요.

아래 예시 코딩을 참고하여 **미션 해결에 도전**해 보세요.

위 예시 코드는 이 책에 제공된 매트와는 다른 크기의 매트에서 테스트한 코드입니다.
제공된 매트 위에서 로봇이 잘 움직이도록 예시 코드의 세부 값을 수정해 보세요.

 **엄마의 점수표**

득점 기준	★
상자 1개를 분리수거장으로 옮김	★ 1개
상자 2개를 한번에 분리수거장으로 옮김	★★ 2개
상자 3개를 한번에 분리수거장으로 옮김	★★★ 3개
상자 3개를 한번에 분리수거장으로 20초 안에 옮김	★★★★ 4개
★ 3개 이상을 획득했을 때 다음 단계로 이동하세요	

 **엄마의 꿀팁**

아이가 문제 해결에 어려움을 겪고 있나요?
아이가 엄마에게 도움을 청한다면, 아래 꿀팁을 활용해 보세요.

1. 분리수거차의 물건 모으는 부분을 더 넓게 바꿔보면 어떨까?
2. 출발 위치를 항상 동일하게 하는 게 좋지 않을까?(오차 줄이기)
3. 속도를 높이면 15초 안에 옮길 수 있지 않을까?
4. 상자 3개를 한 번에 분리수거장으로 옮기기 위해서 거리를 잘 생각해야겠네.

5단계 미션에서 얻을 수 있는 교육적 성과

기본적인 코딩 능력　　수학적 사고력　　공간지각 능력　　문제해결력　　창의력

6단계 미션: 핀볼게임

다음 이야기에 등장하는 '핀볼게임'을 함께 만들고, 미션 해결에 도전해 보세요.

초등학교 1학년 민수는 맑은 날씨의 공원을 걷다가, 나무 아래 벤치 옆에 놓인 알록달록한 핀볼 기계를 발견합니다. 기대감에 가득 차 기계 쪽으로 달려갑니다.

민수는 핀볼 기계에 공을 조심스럽게 놓으며 집중하고 있습니다. 기회는 단 3번뿐 높은 점수를 받기 위해 도전을 시작합니다.

공이 기계 안에서 이리저리 튕기다가 갑자기 어려운 위치에 갇히자, 민수는 당황한 표정을 짓습니다. 3번의 기회 중에 1번을 사용했습니다.

민수는 포기하지 않고 목표를 달성하기 위해 다음 도전을 계속합니다. 과연 성공할 수 있을까요?

핀볼게임

다음 조립 가이드에 따라 '핀볼게임'을 조립하세요.

1

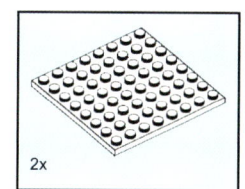

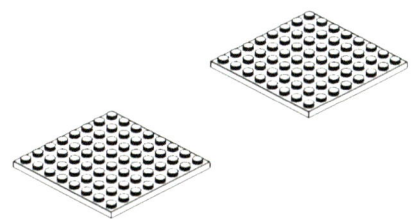

2

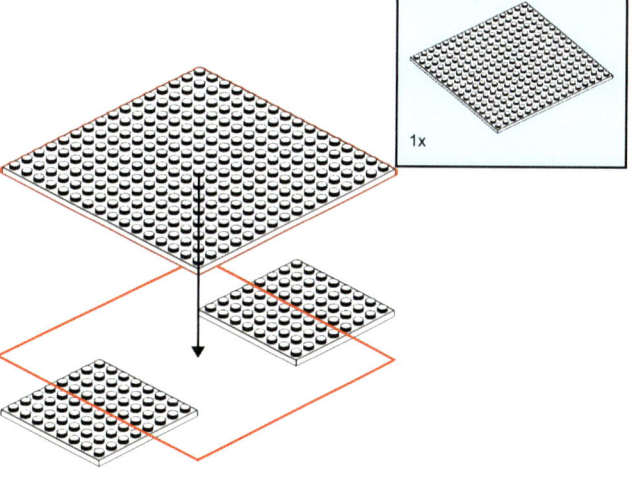

조립가이드 핀볼게임

3

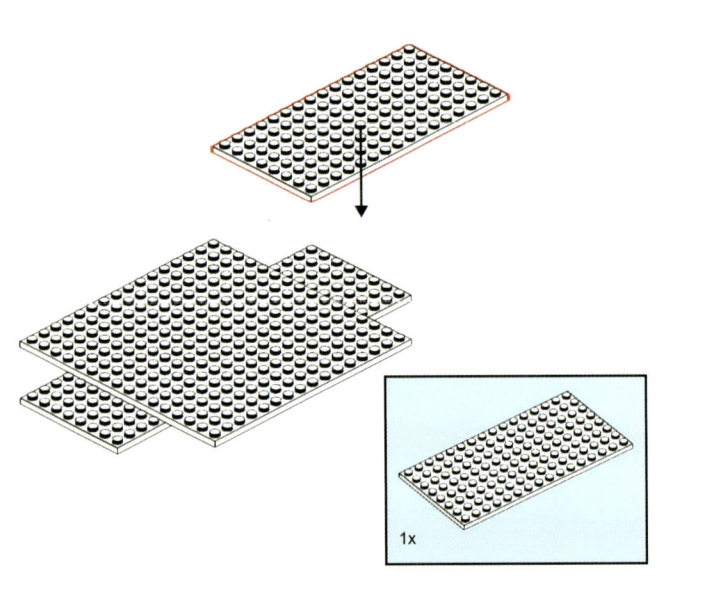

4

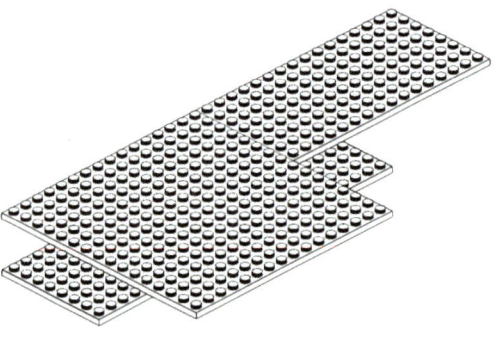

조립가이드 **핀볼게임**

5

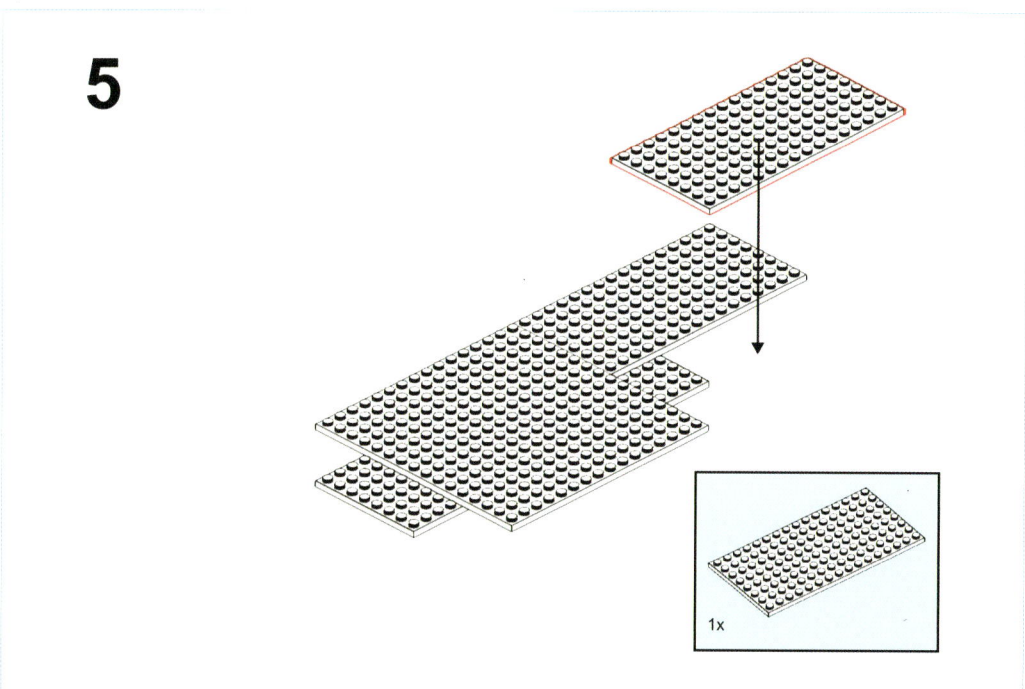

6

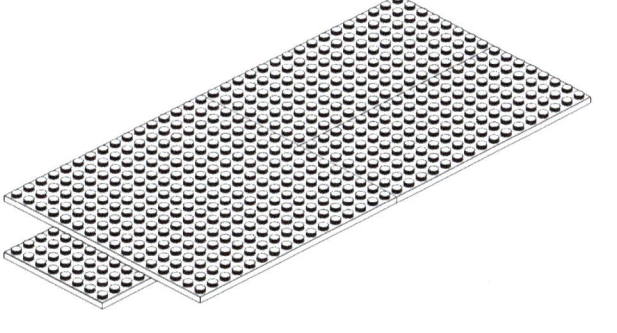

조립가이드 · 핀볼게임

7

8

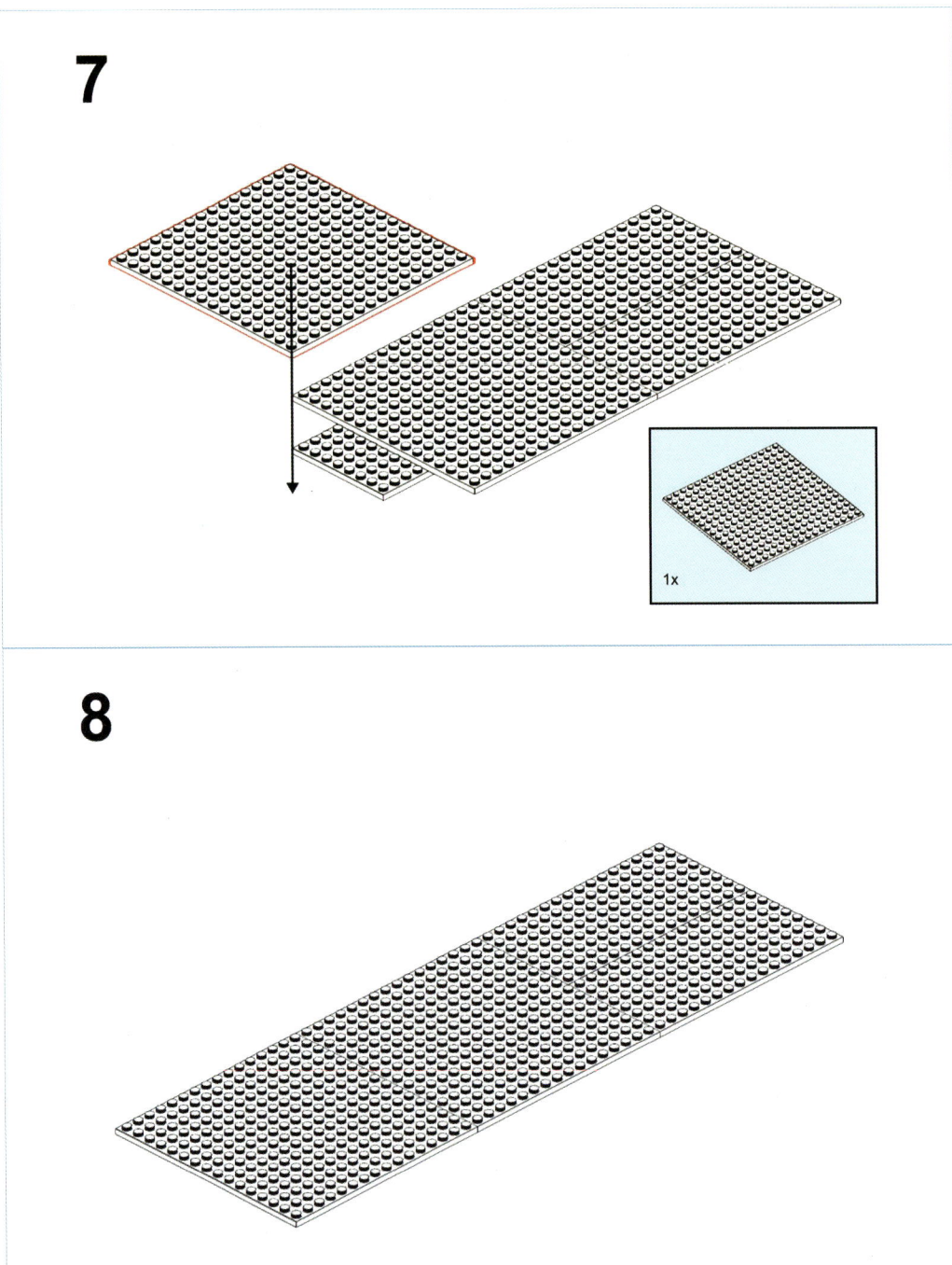

| 조립가이드 | **핀볼게임**

9

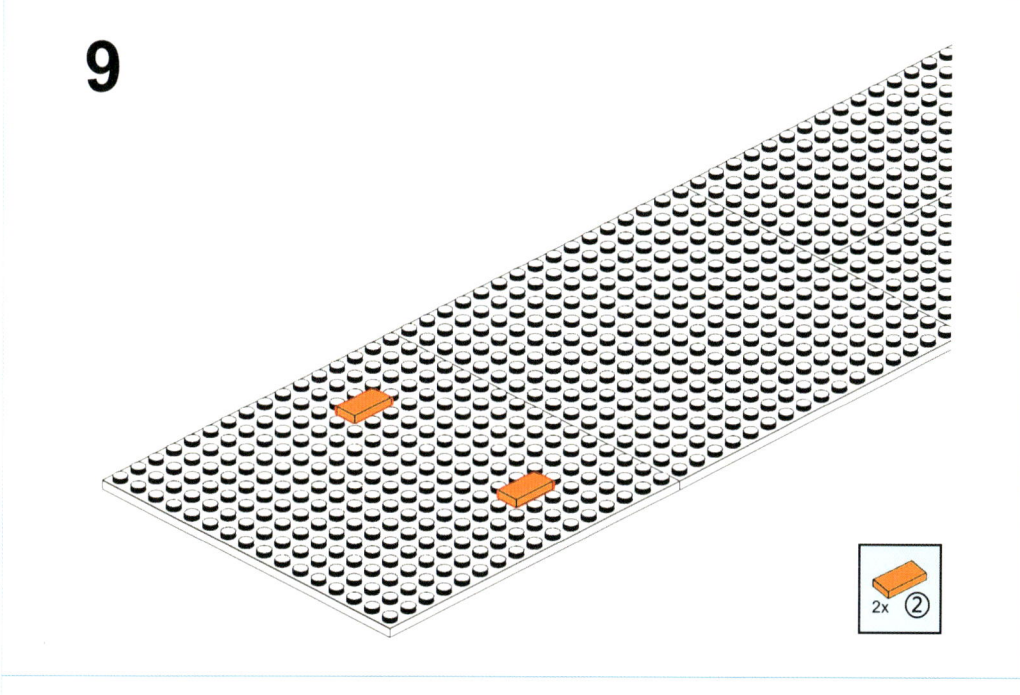

10

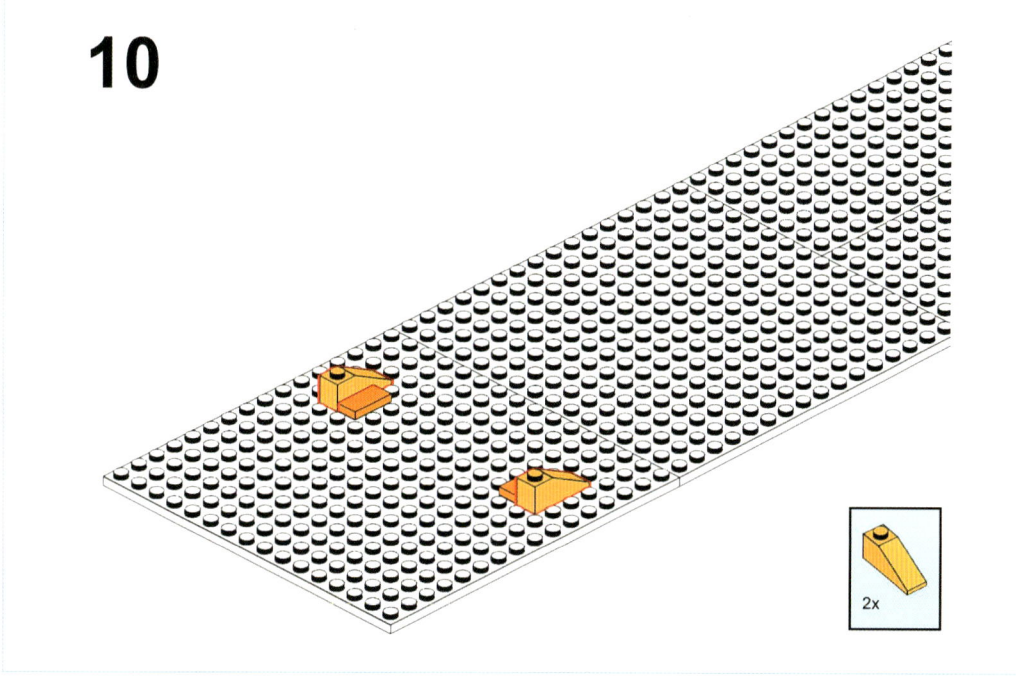

조립가이드 핀볼게임

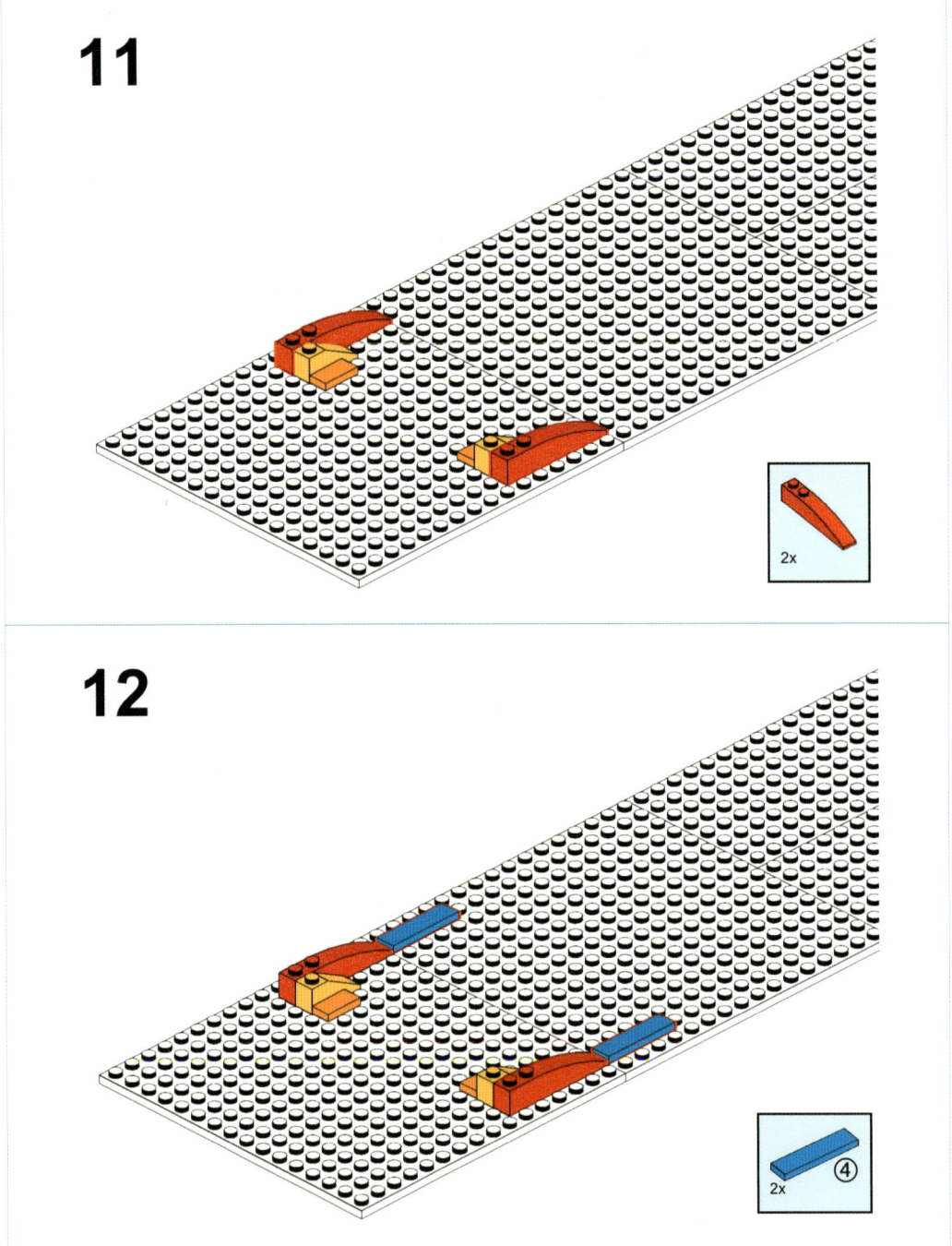

조립가이드 핀볼게임

13

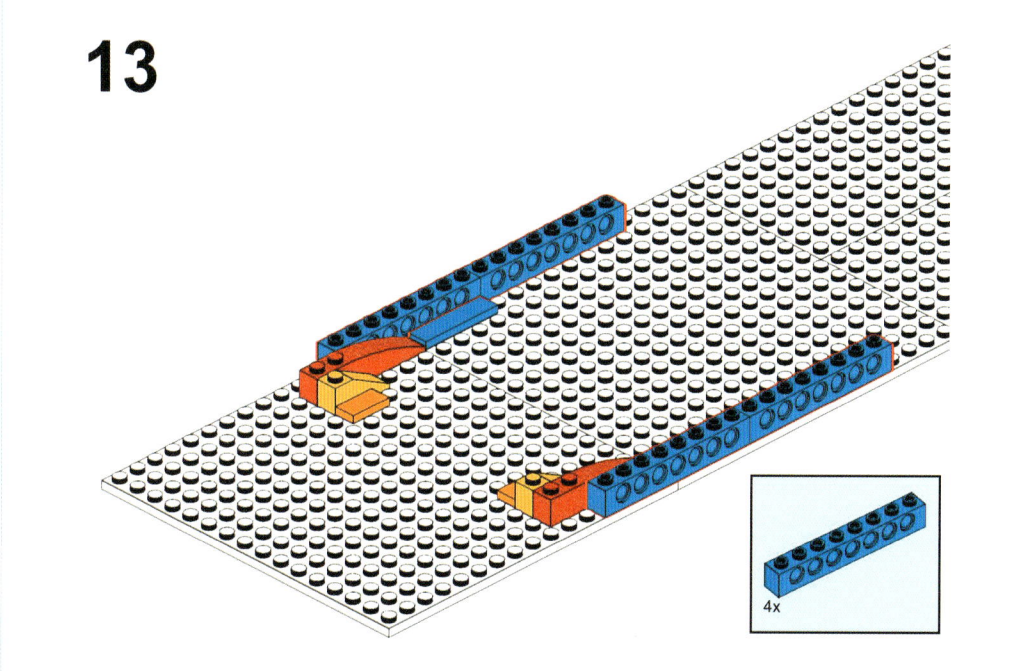

14

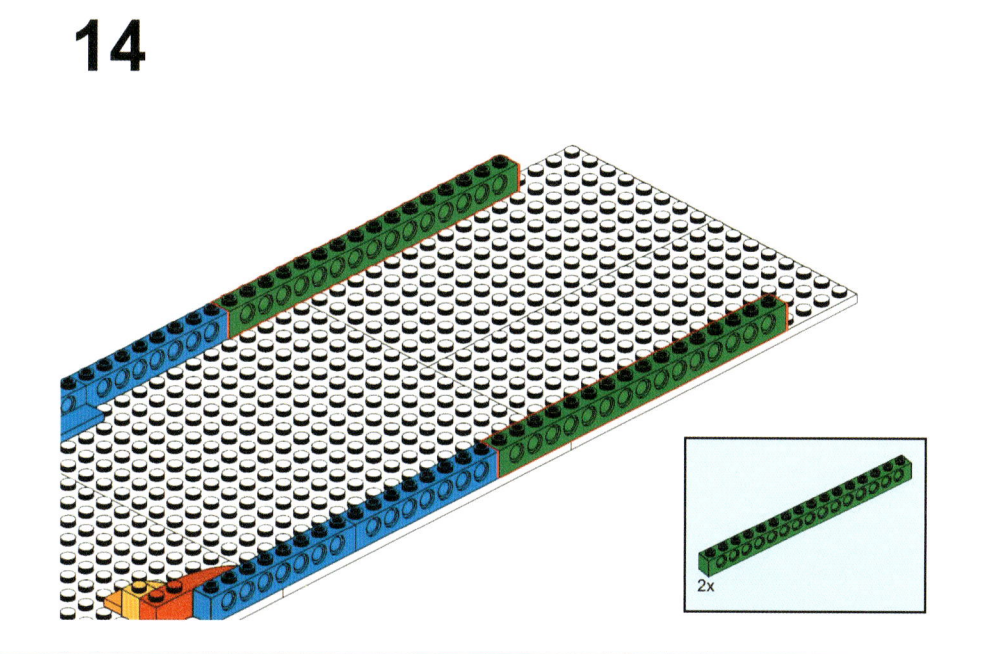

조립가이드 핀볼게임

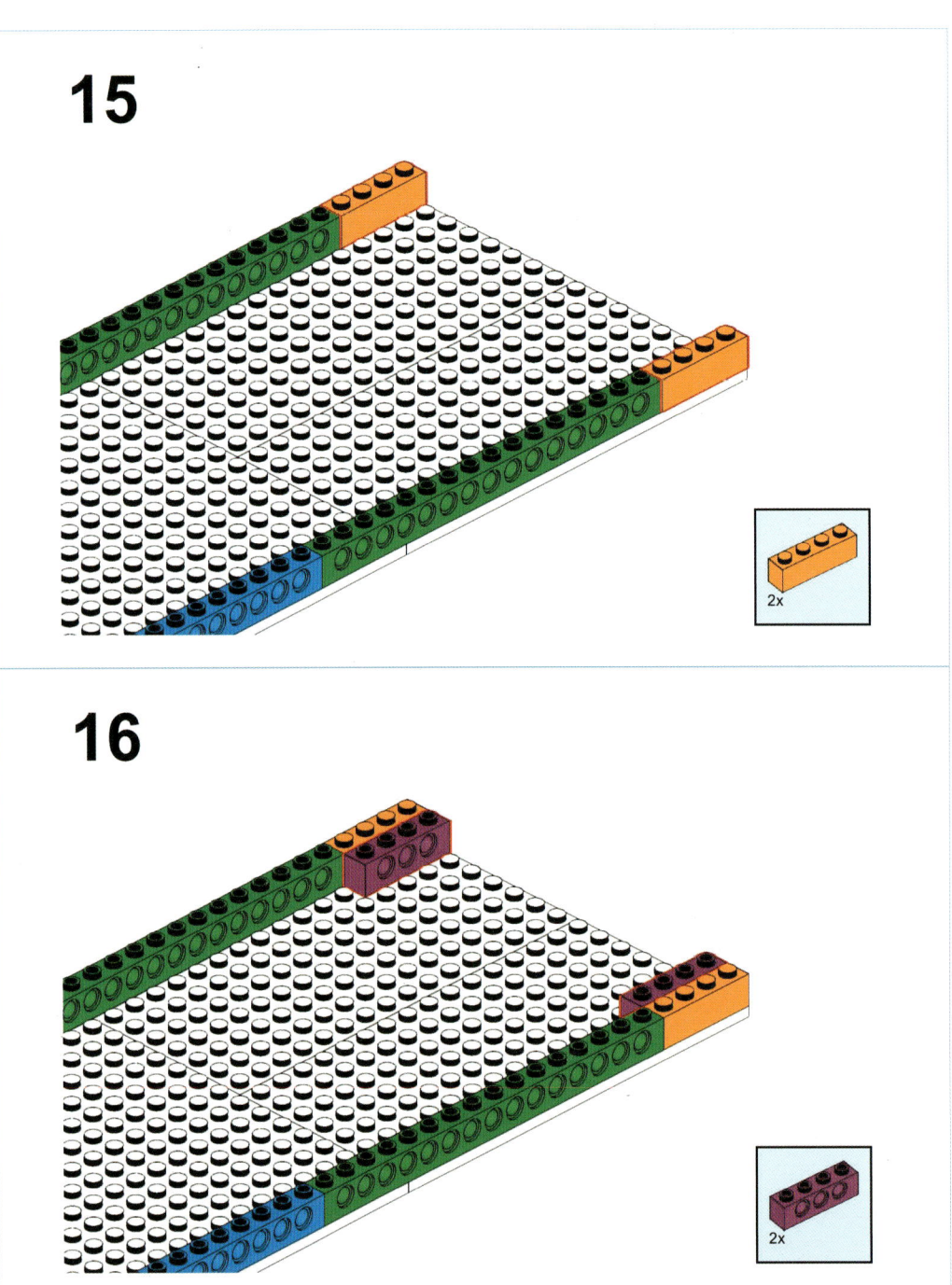

조립가이드 핀볼게임

17

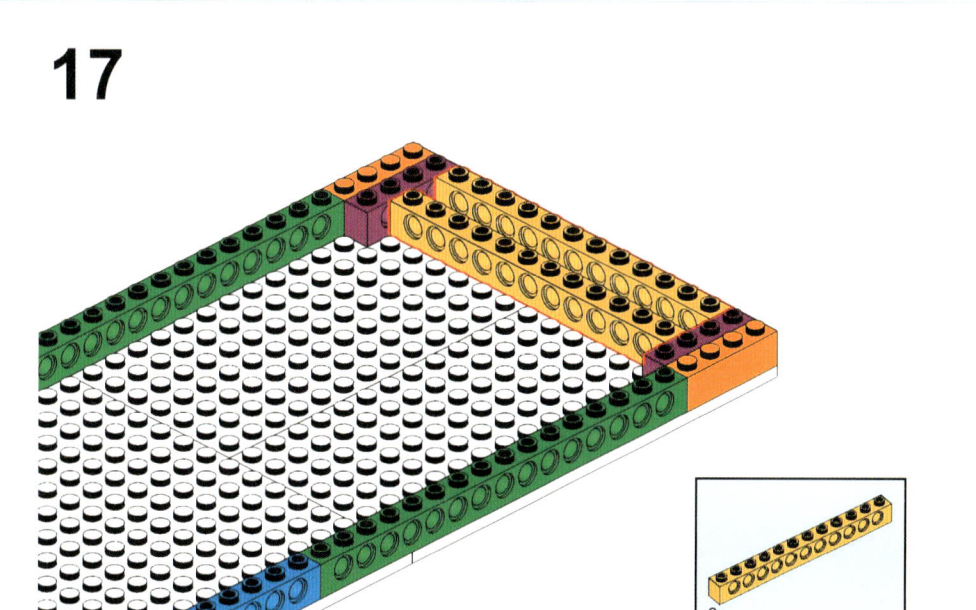

18

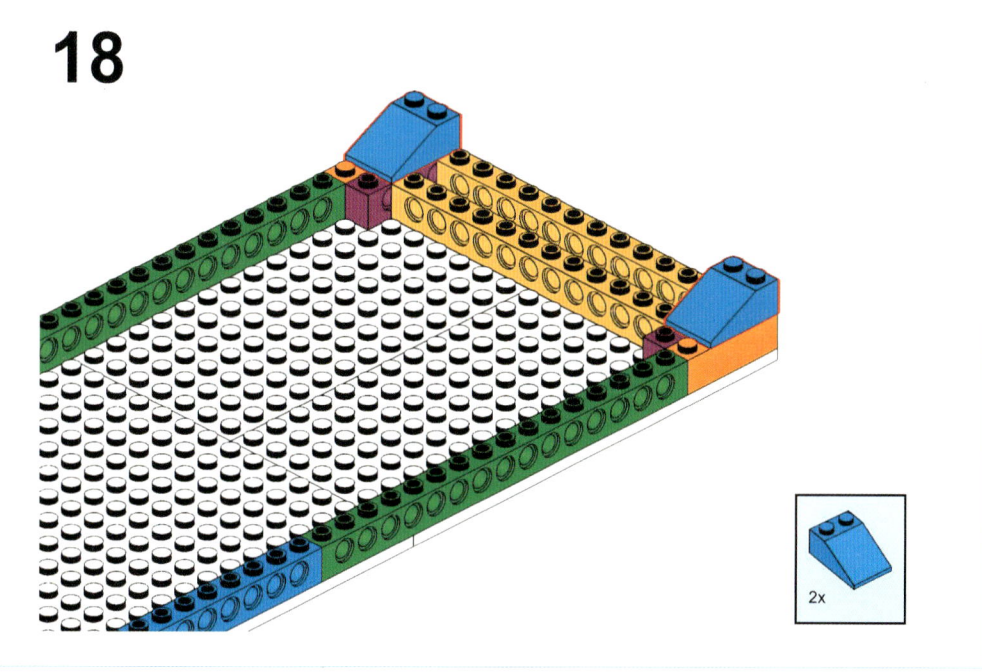

조립가이드 **핀볼게임**

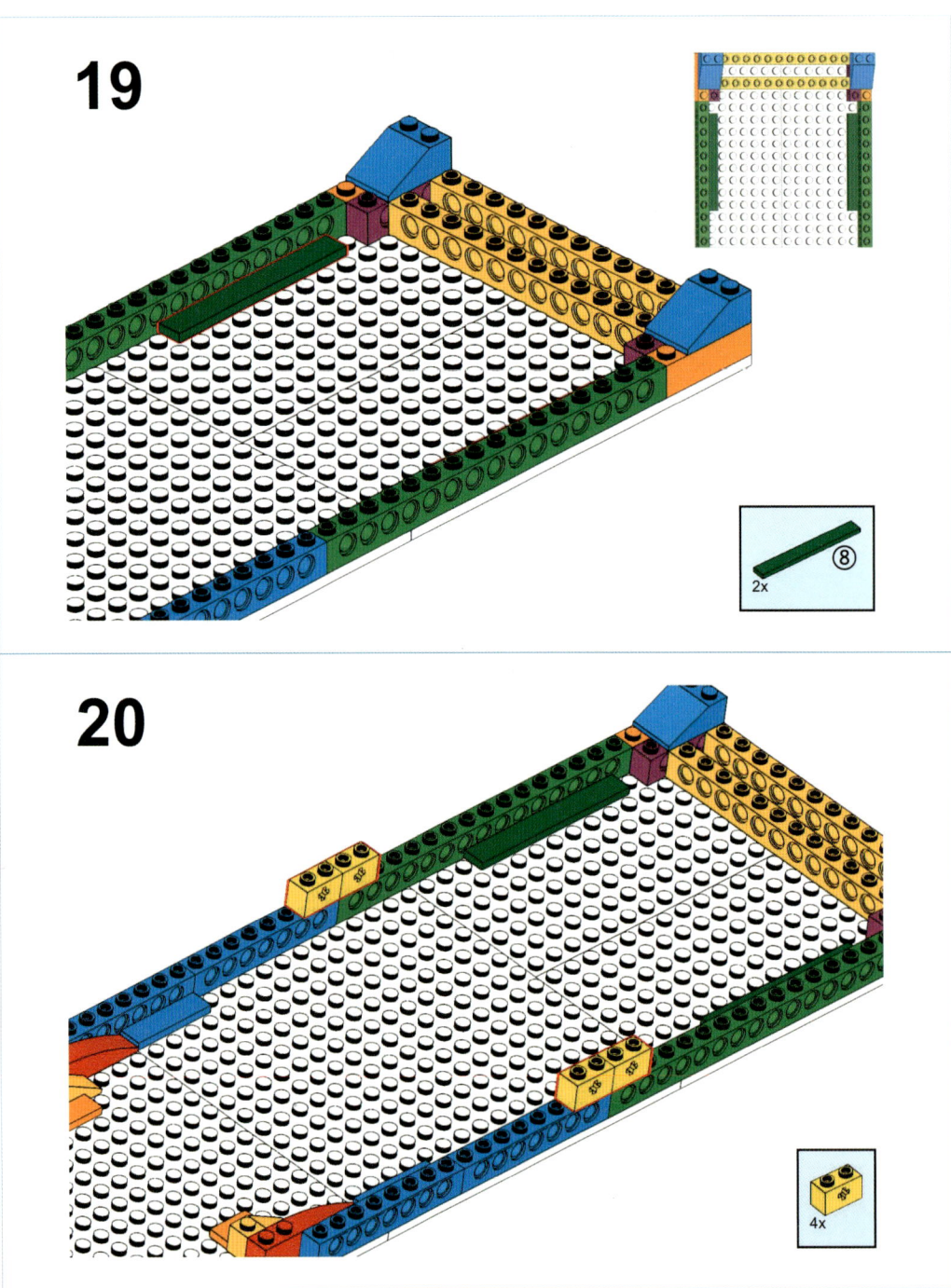

조립가이드 **핀볼게임**

21

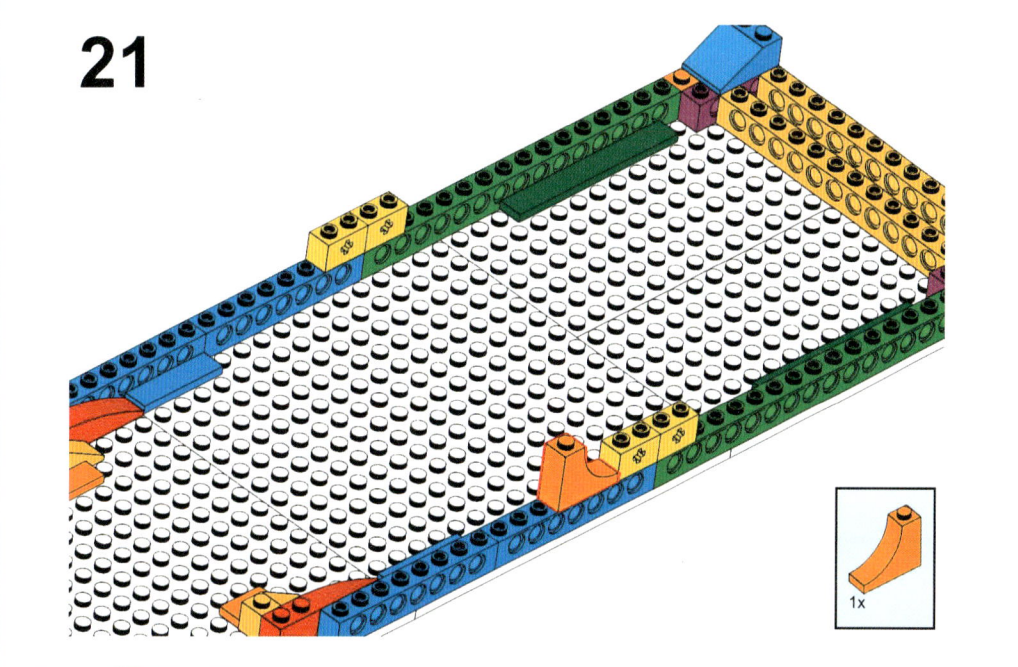

22

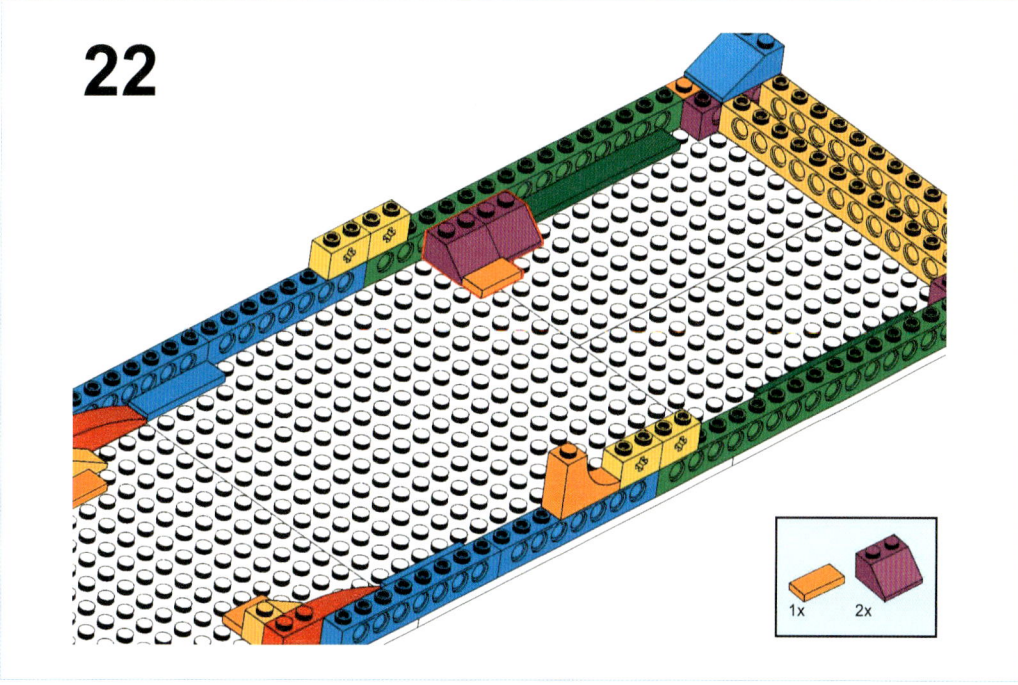

조립가이드 핀볼게임

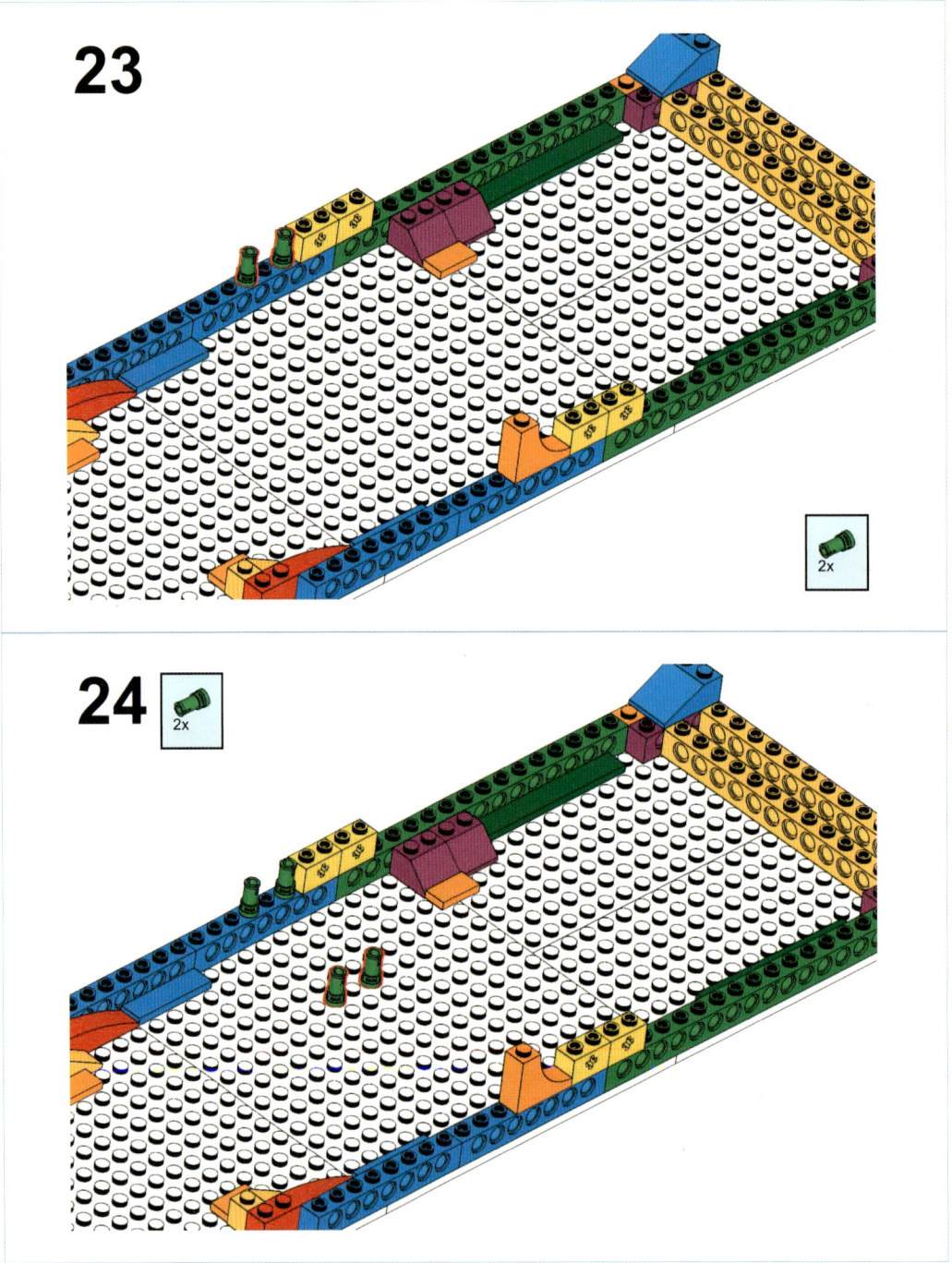

조립가이드 **핀볼게임**

25

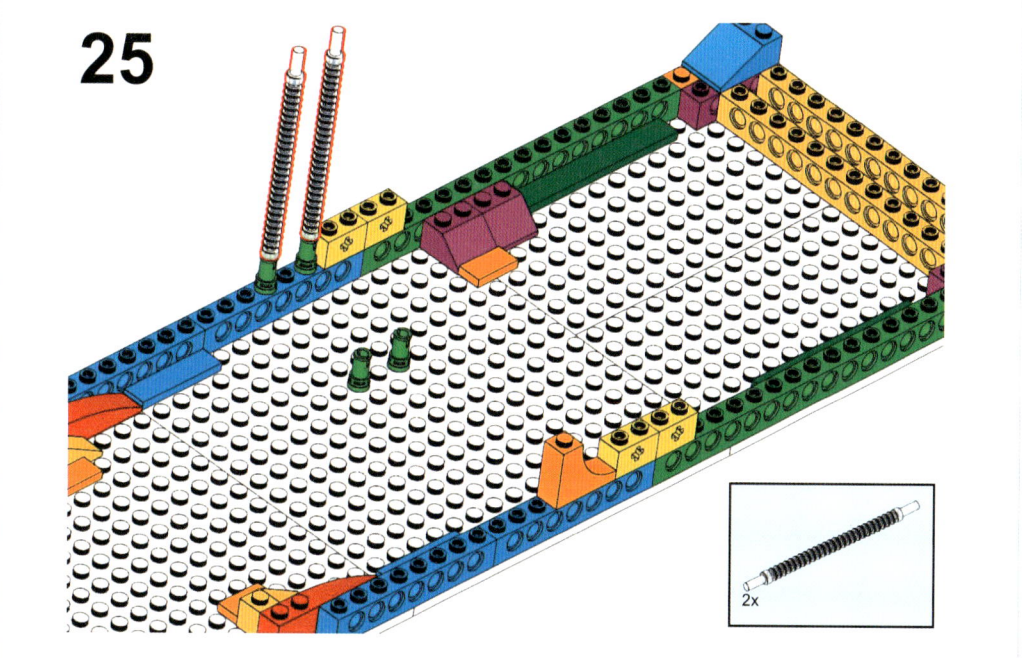

2x

26

put in

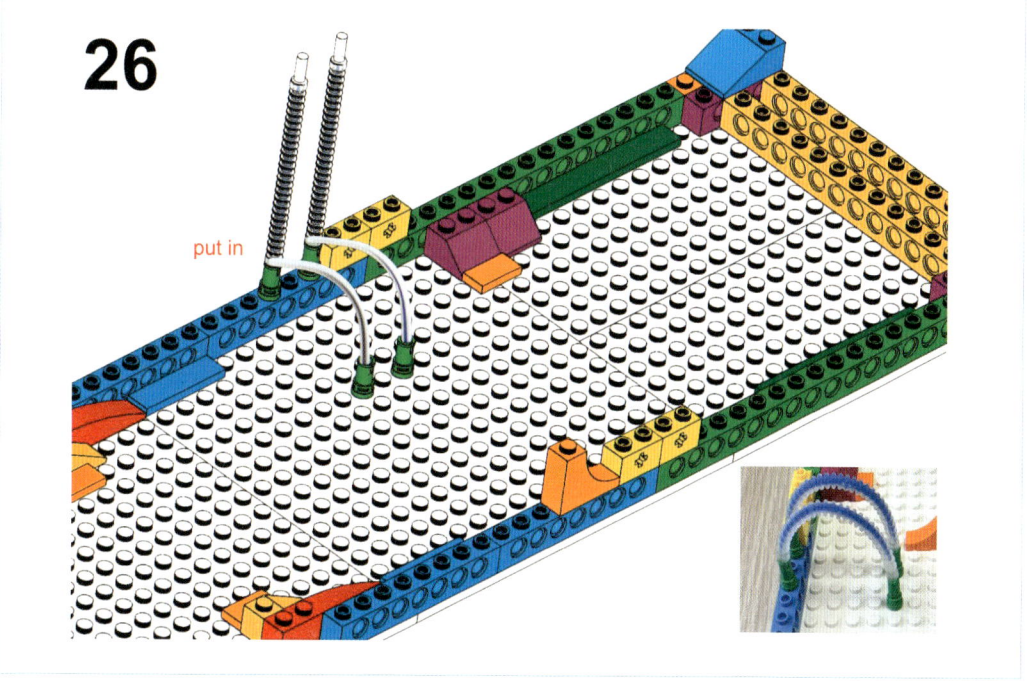

조립가이드 **핀볼게임**

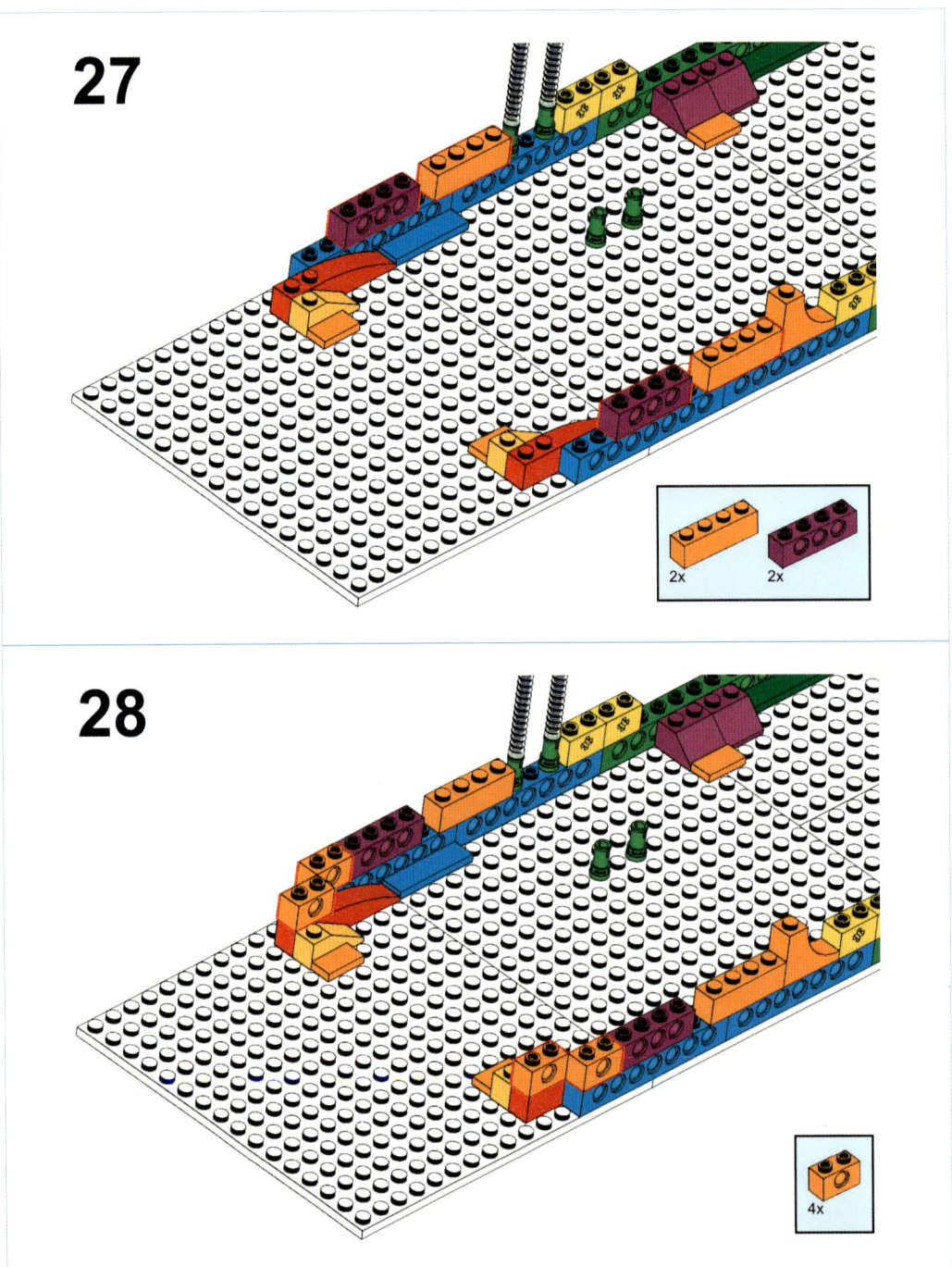

27

28

조립가이드 핀볼게임

29

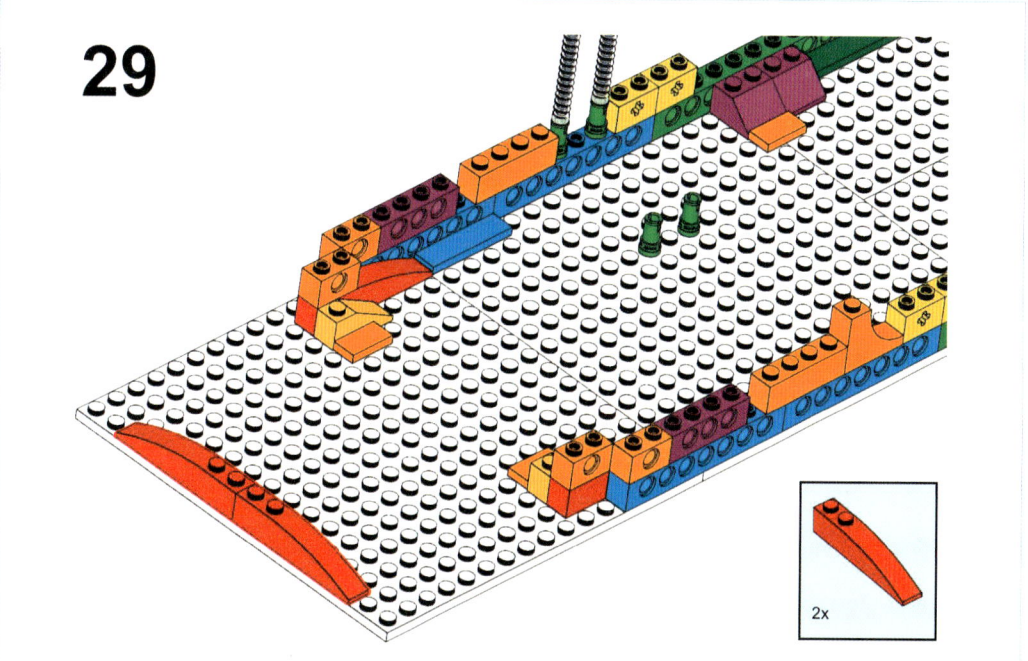

30

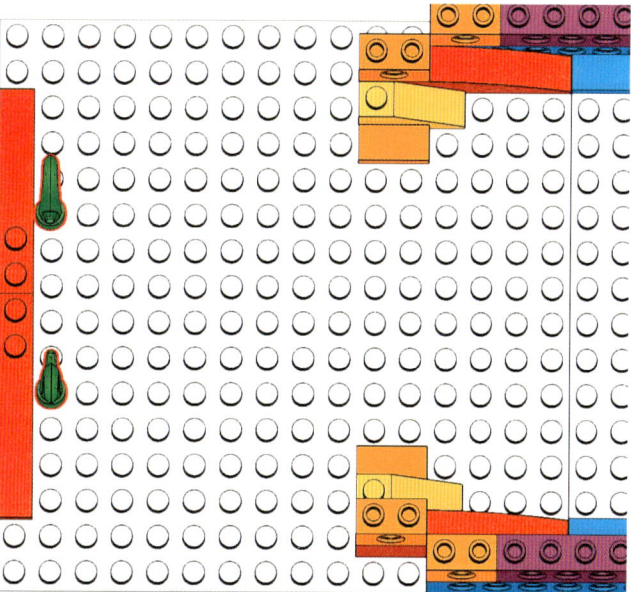

조립가이드 핀볼게임

31

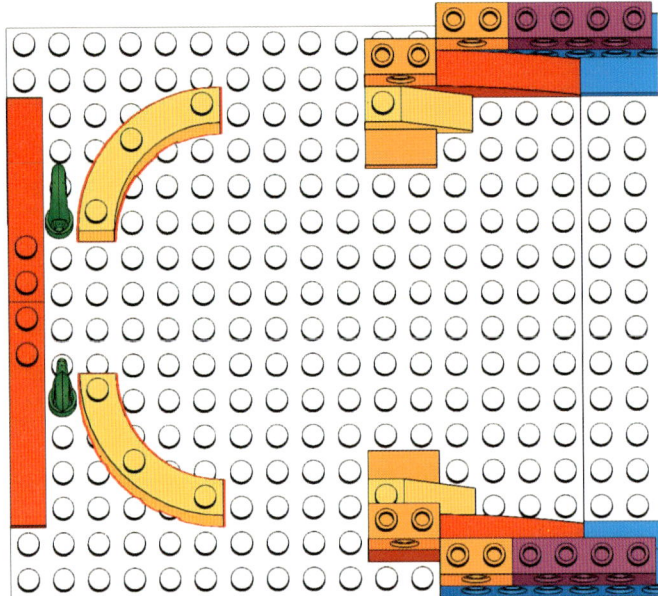
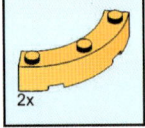

32

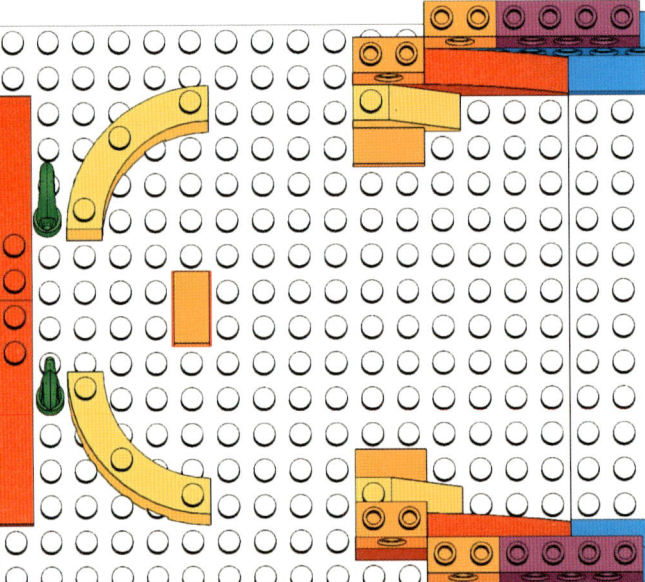

조립가이드 핀볼게임

33

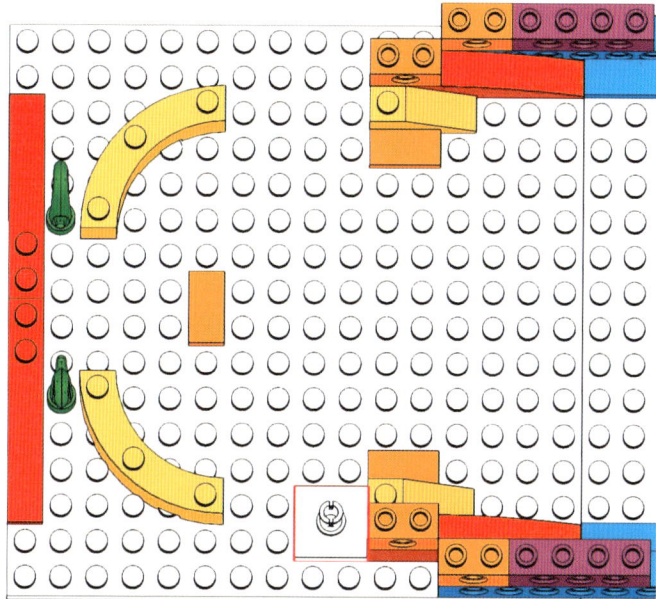
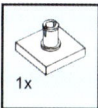

34

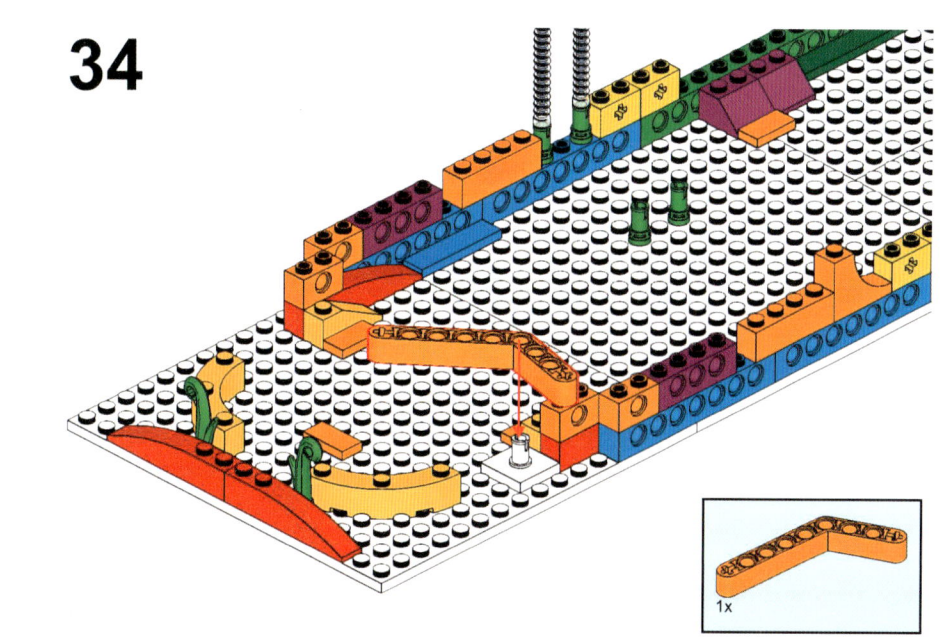

조립가이드 핀볼게임

35

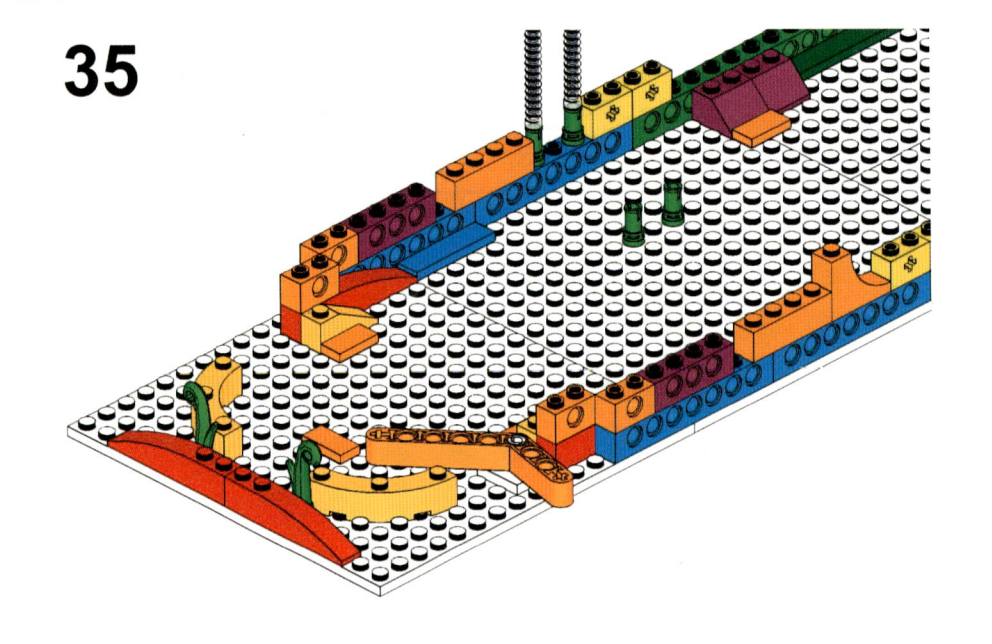

36

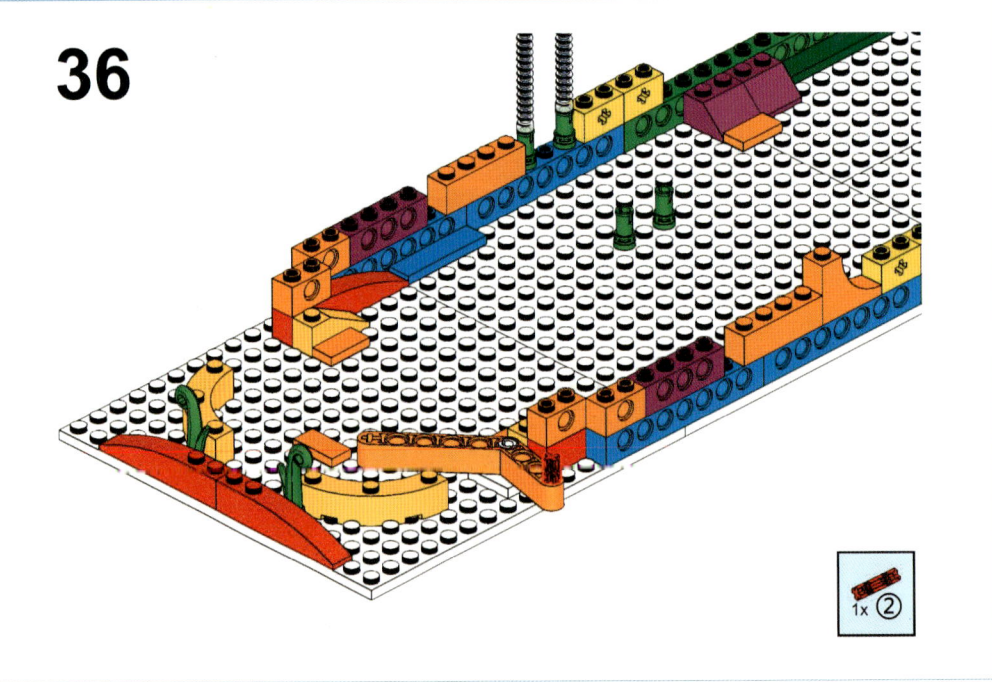

조립가이드 핀볼게임

37

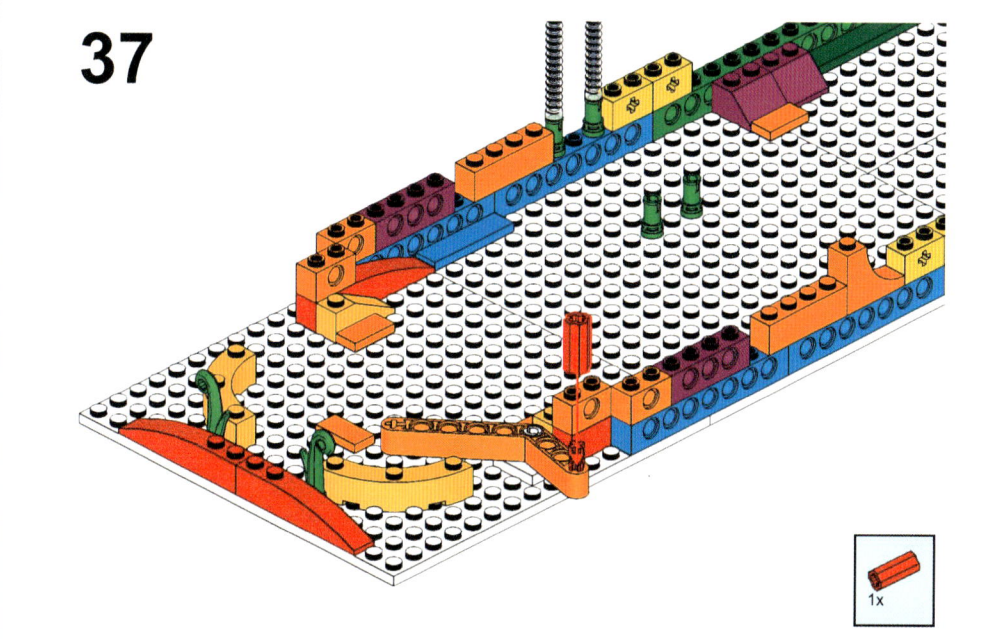

38

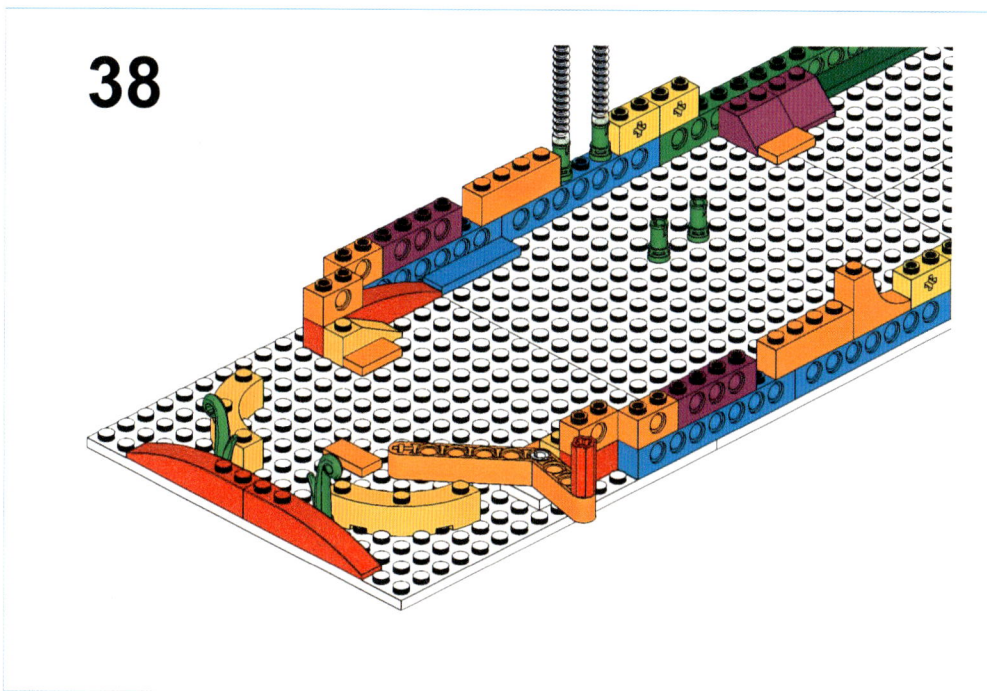

조립가이드 핀볼게임

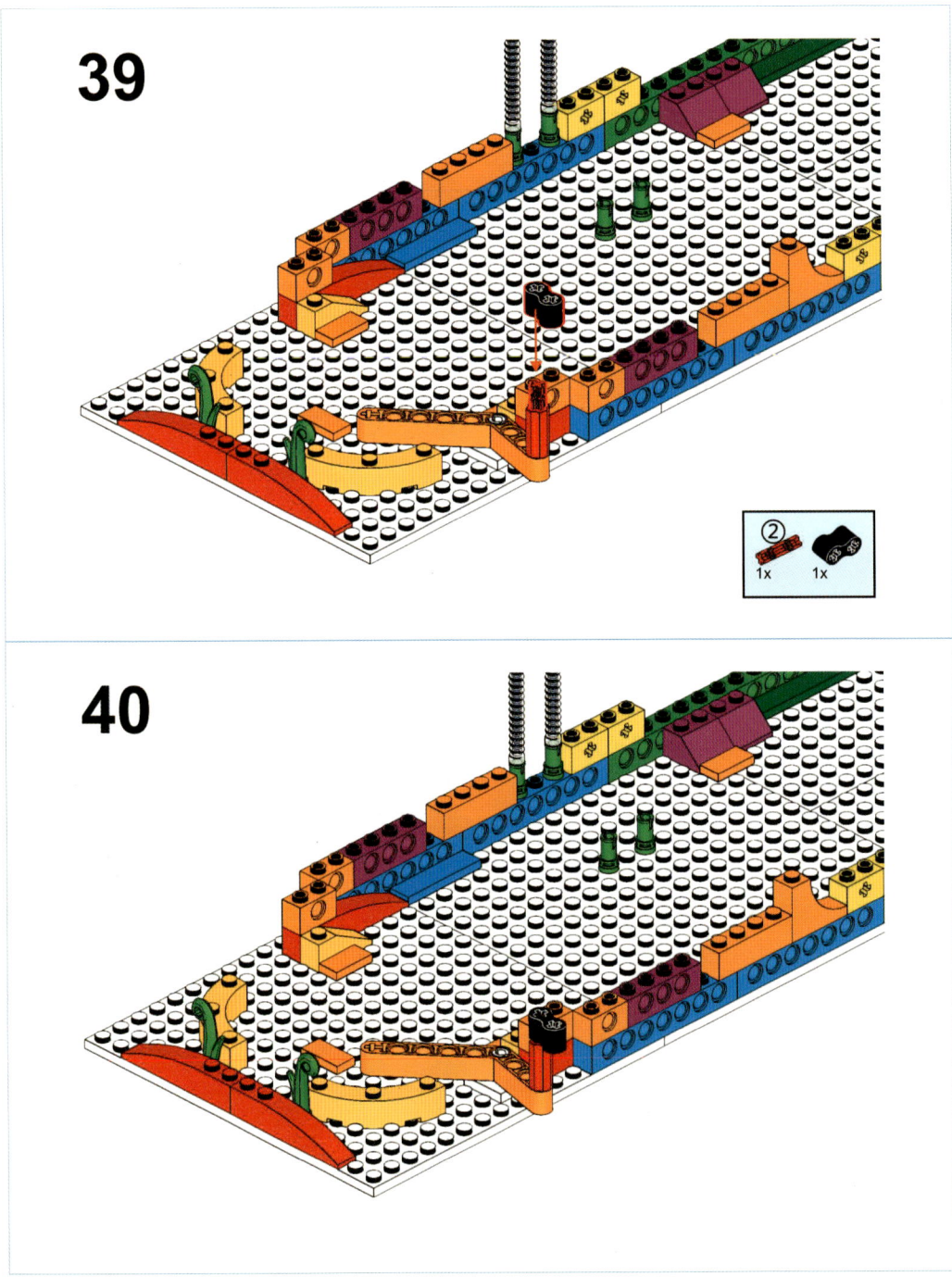

조립가이드 **핀볼게임**

41

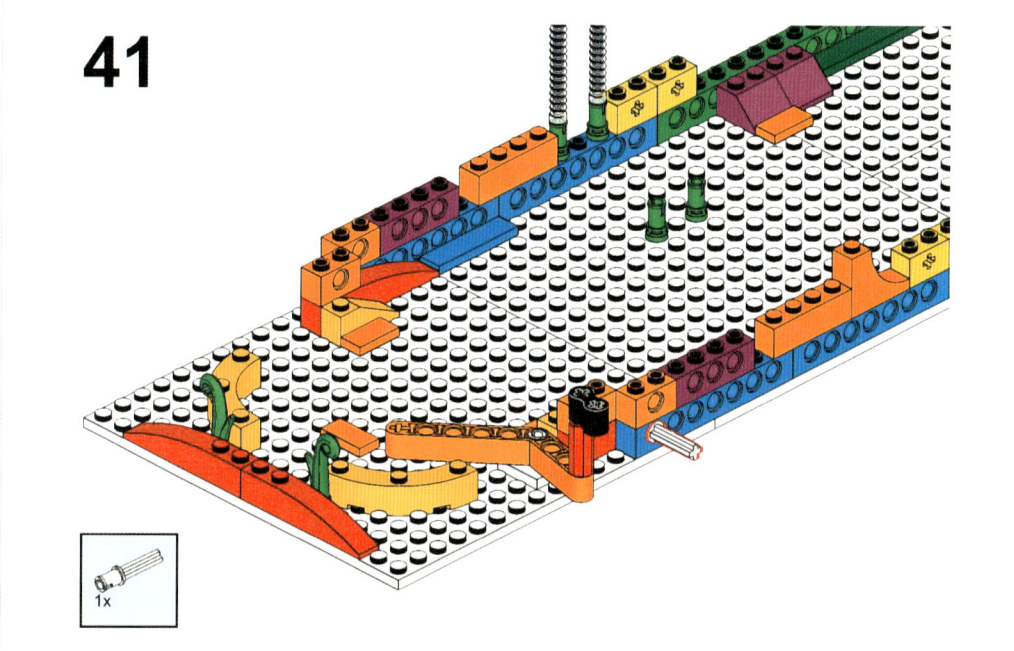

42

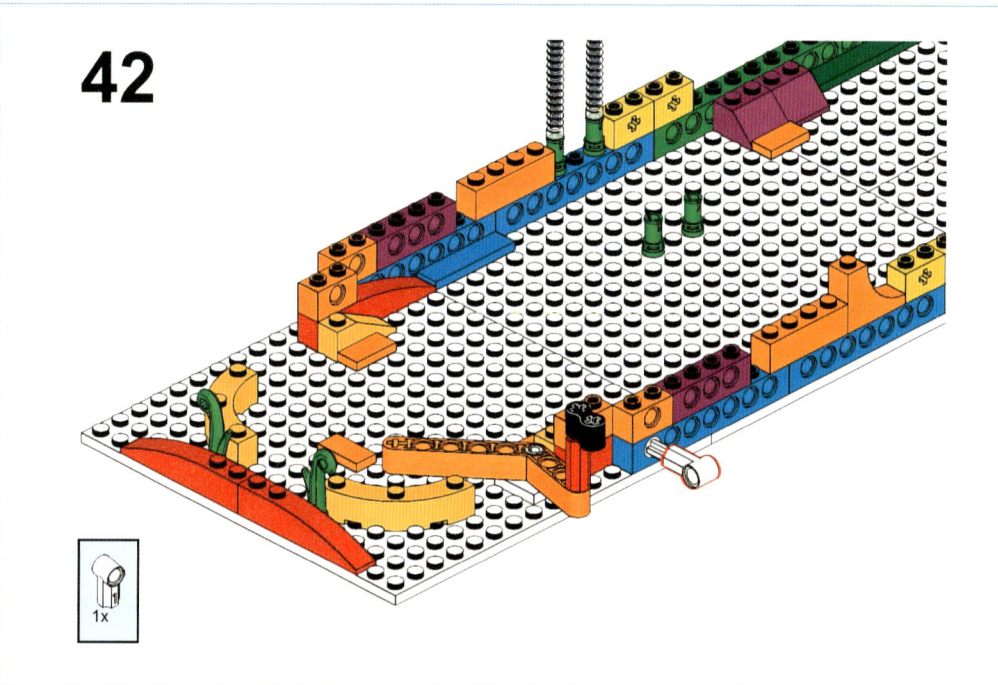

조립가이드 핀볼게임

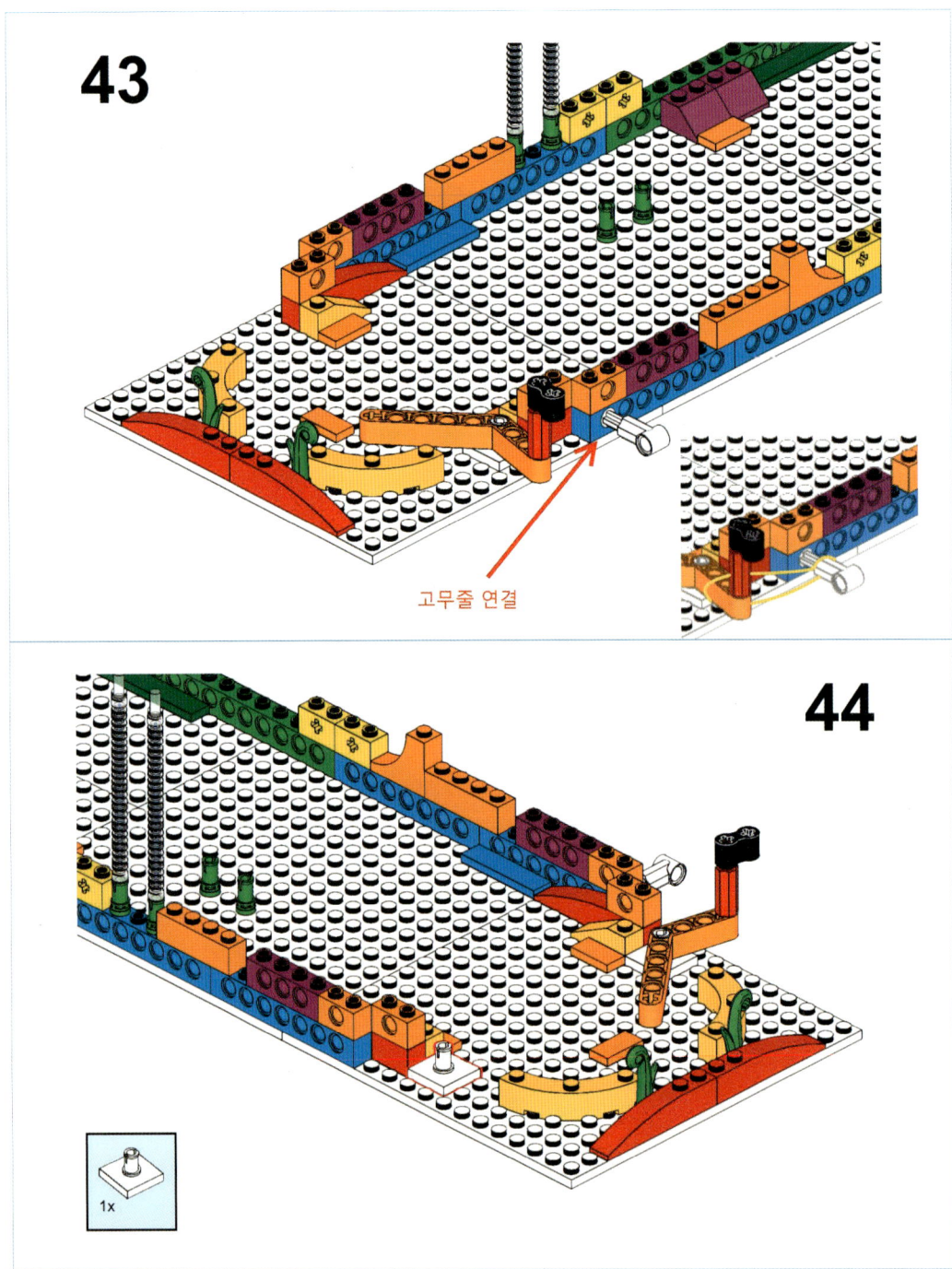

43

고무줄 연결

44

1x

조립가이드 핀볼게임

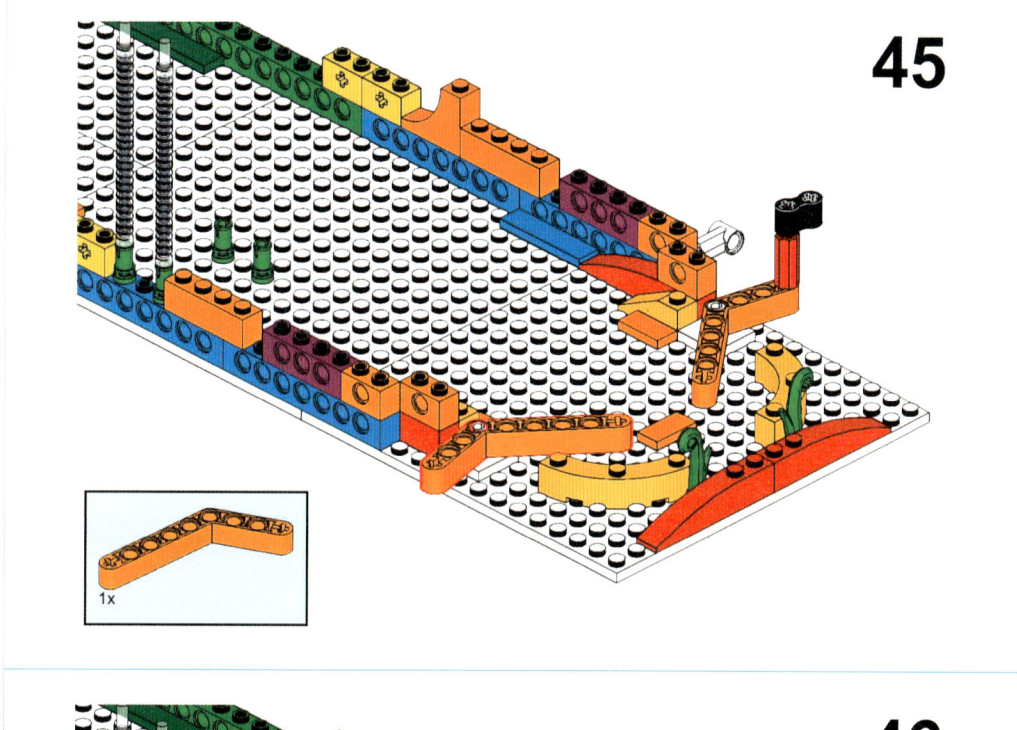

45

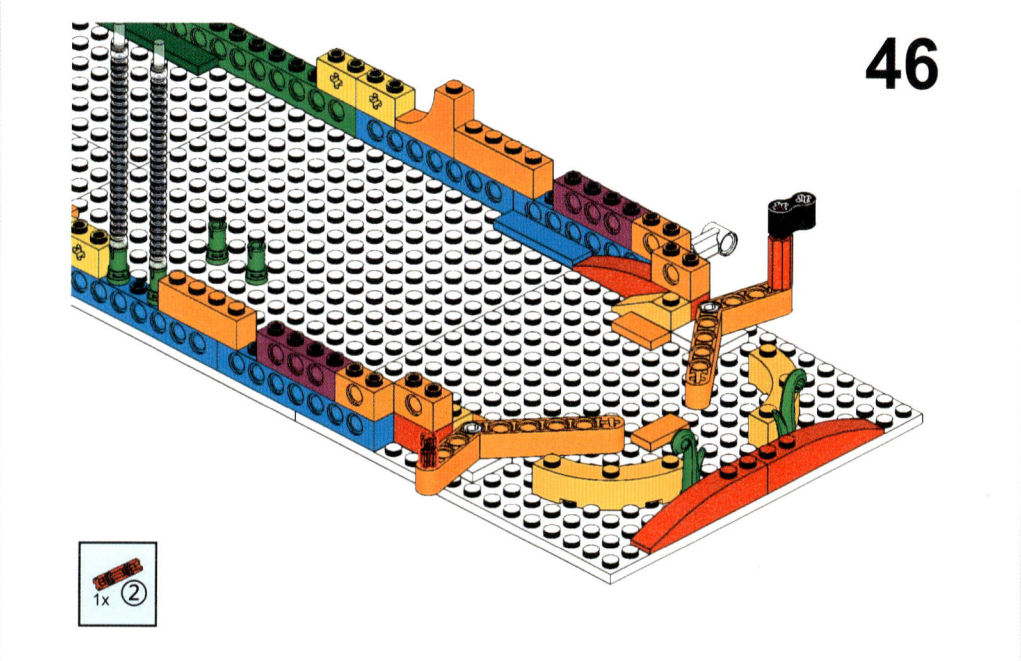

46

조립가이드 **핀볼게임**

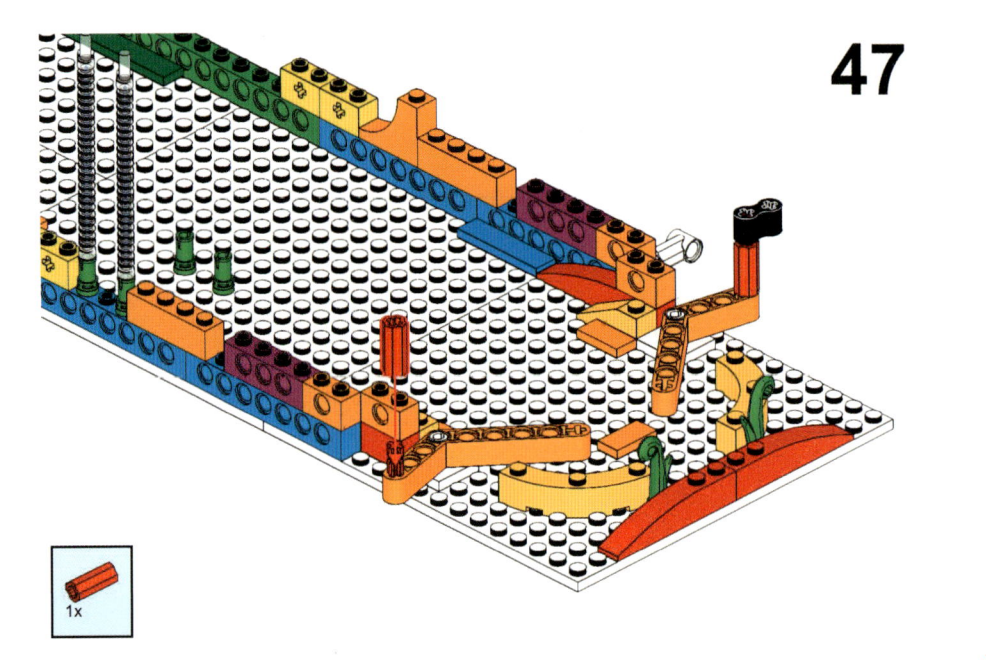

47

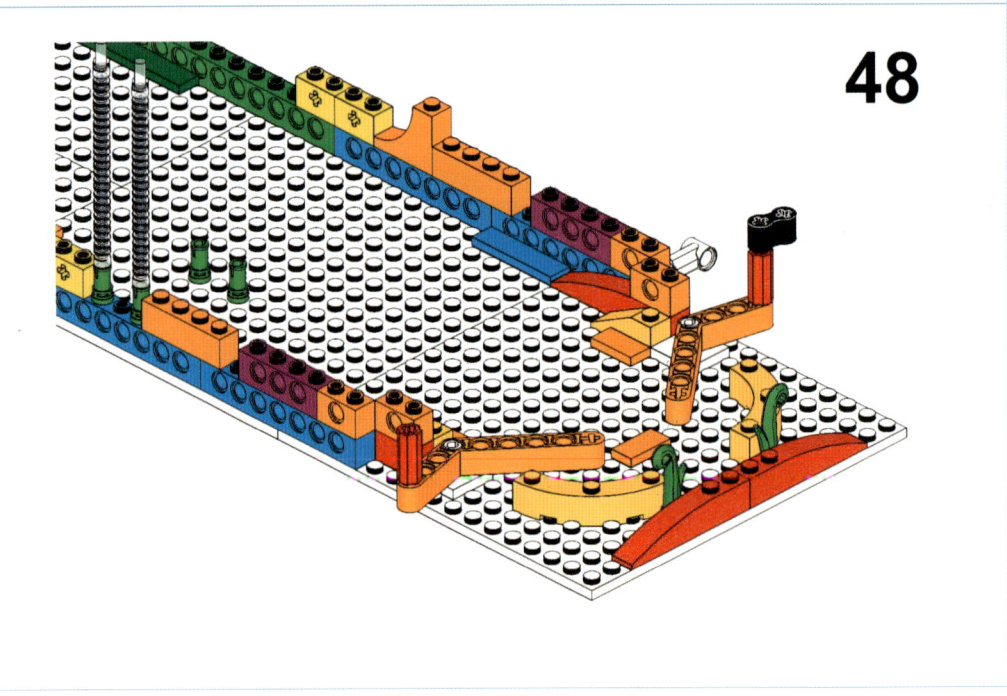

48

조립가이드 핀볼게임

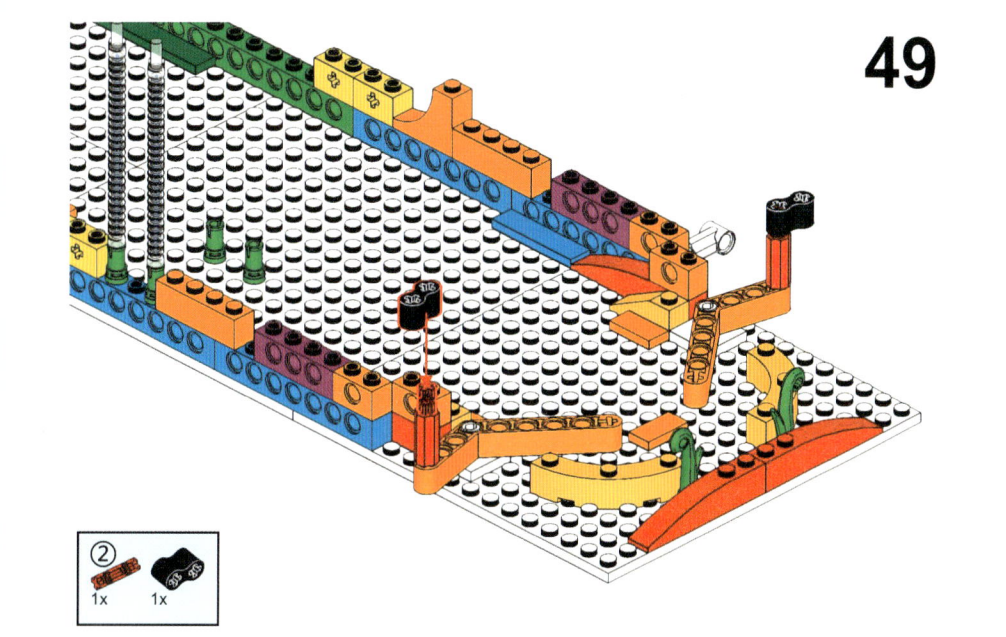

49

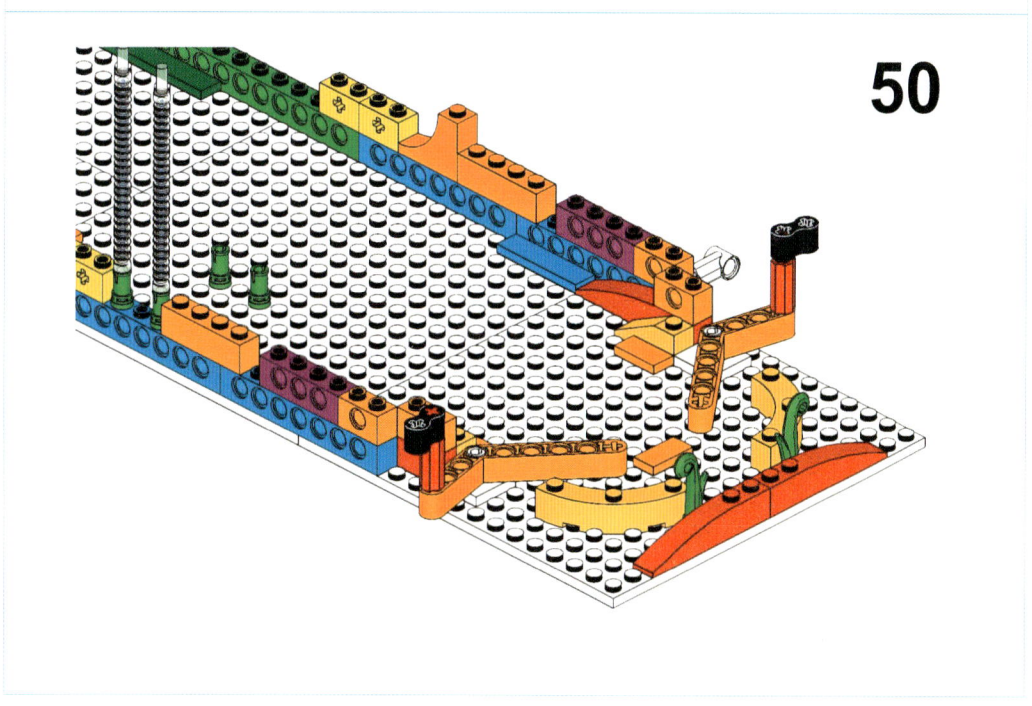

50

조립가이드 핀볼게임

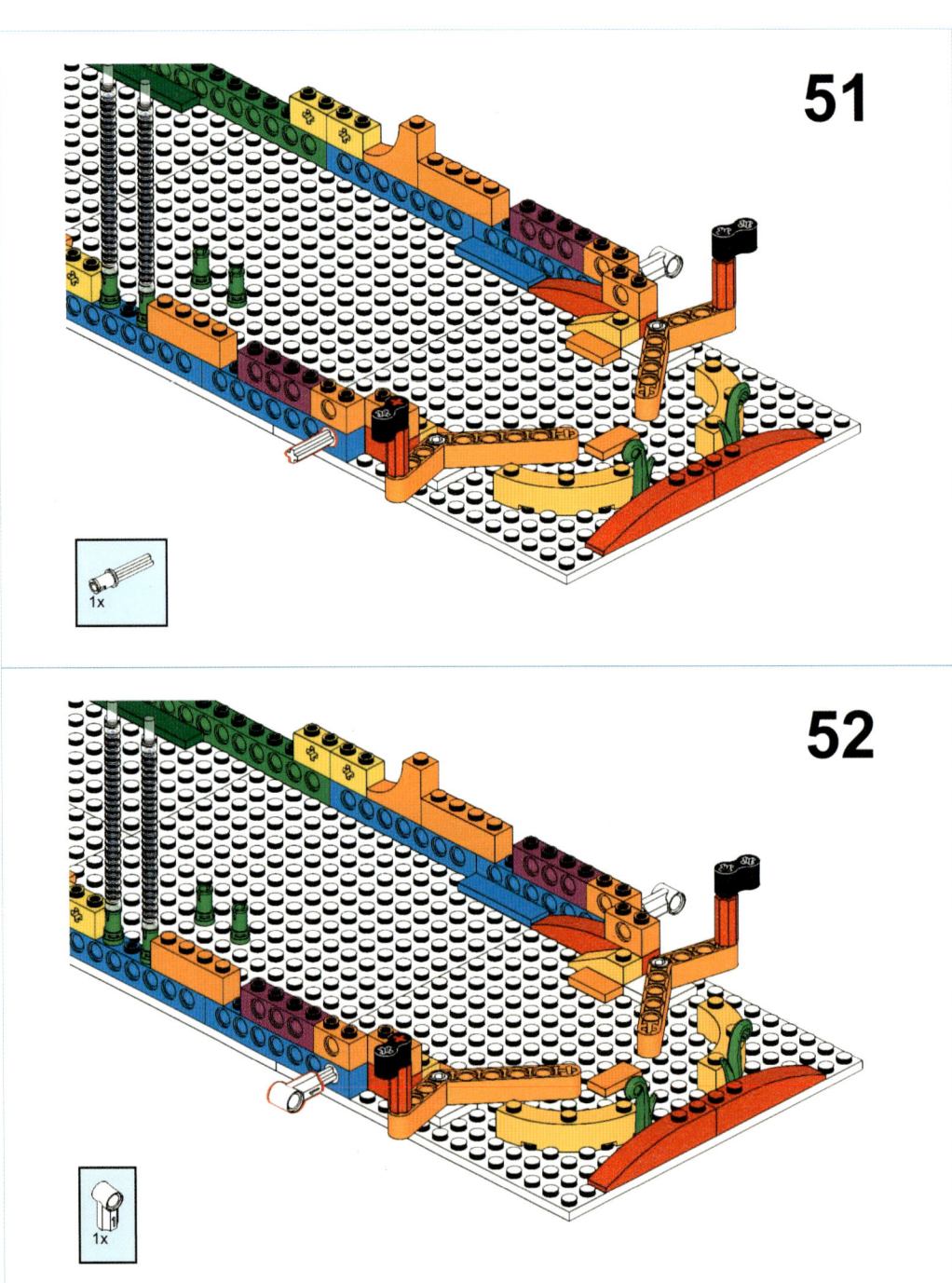

조립가이드 핀볼게임

53

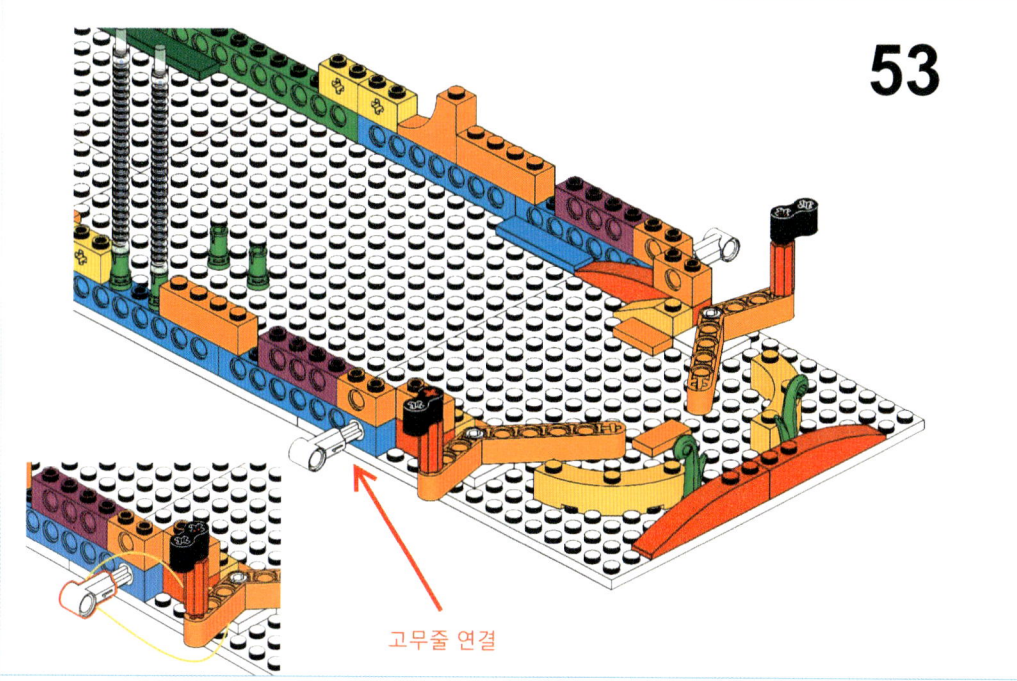

고무줄 연결

54

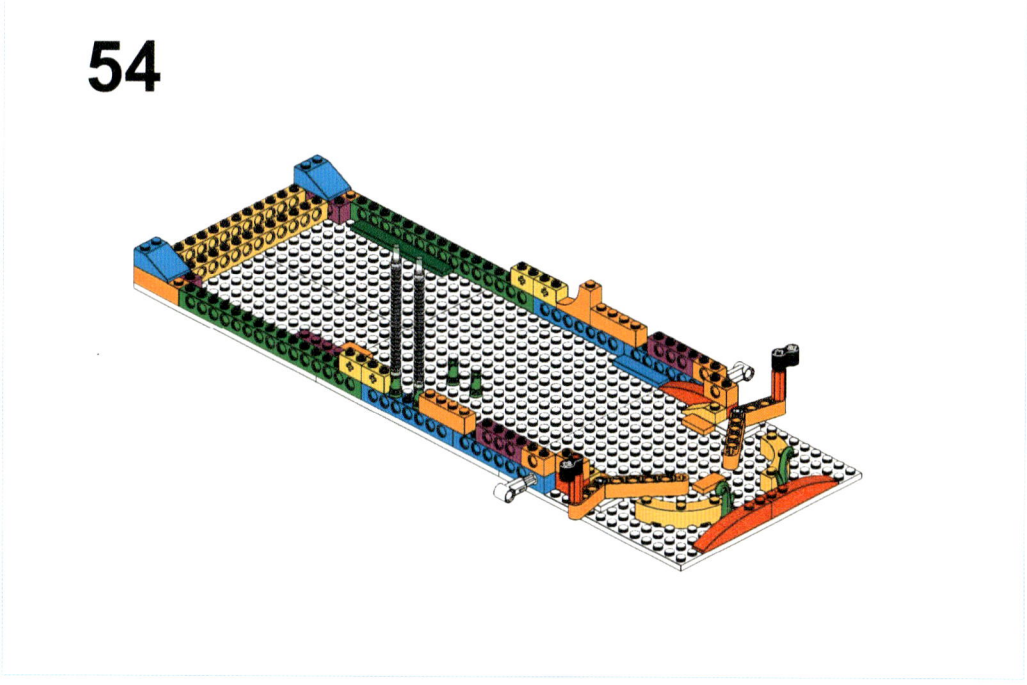

조립가이드 핀볼게임

55

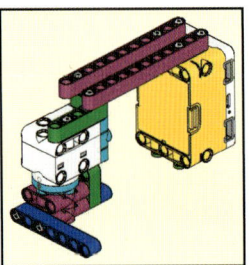
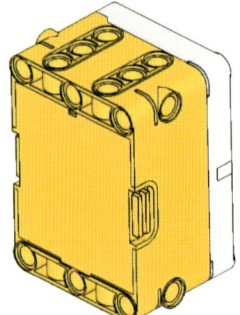
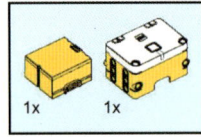

56

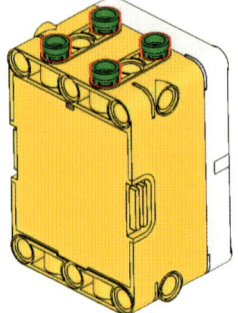
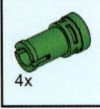

조립가이드 핀볼게임

57

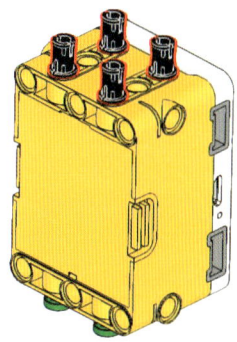

58

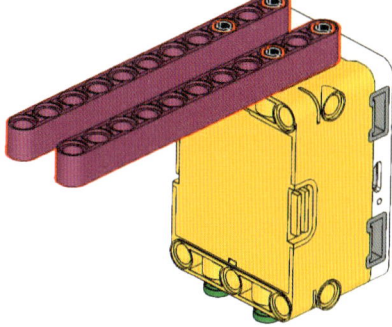
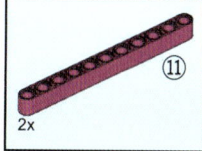

조립가이드 핀볼게임

59

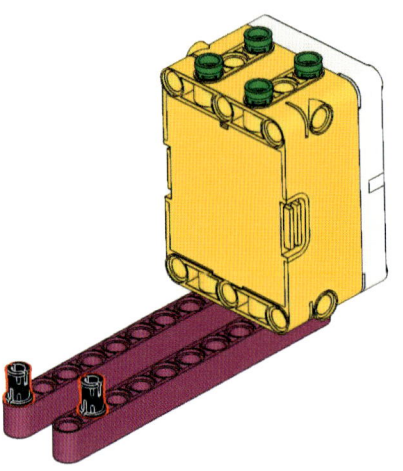

2x

60

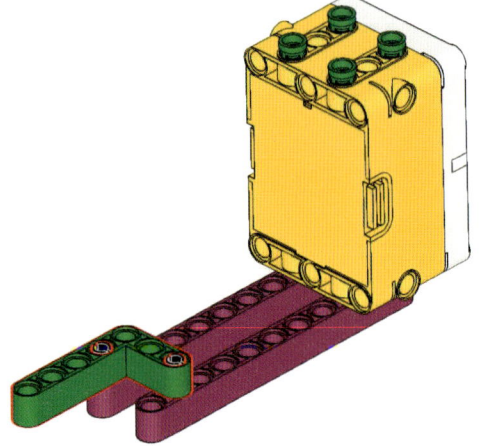
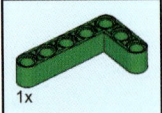
1x

조립가이드   핀볼게임

61

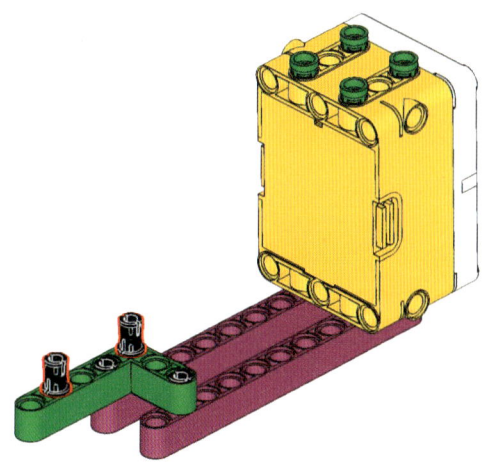

2x

62

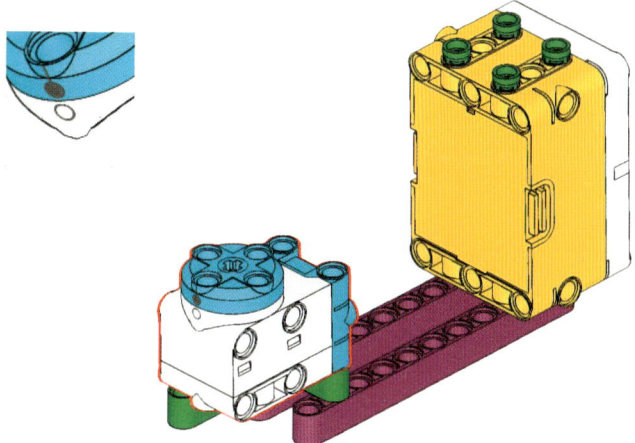
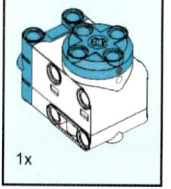
1x

조립가이드 핀볼게임

63

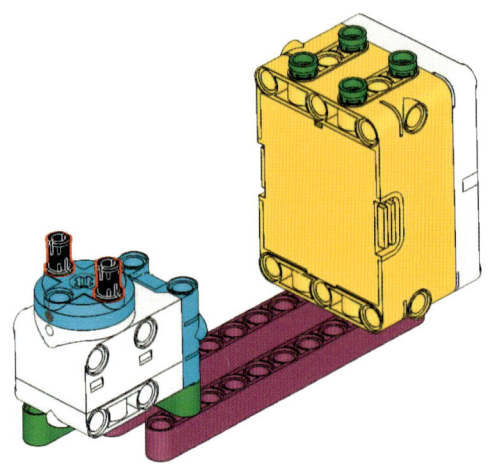

2x

64

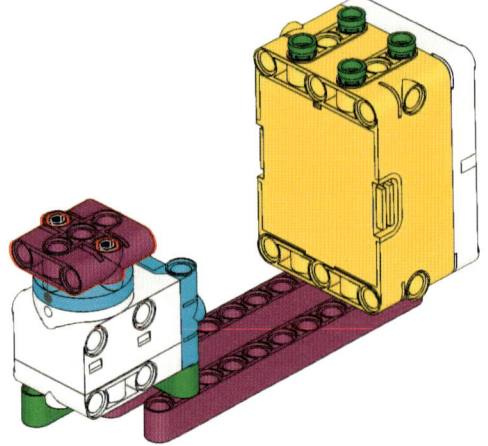
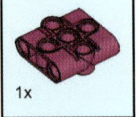
1x

조립가이드 **핀볼게임**

65

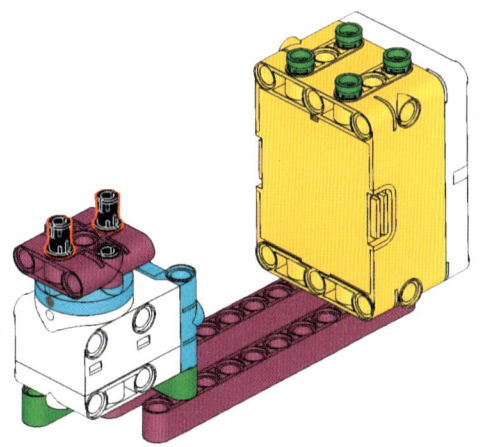

2x

66

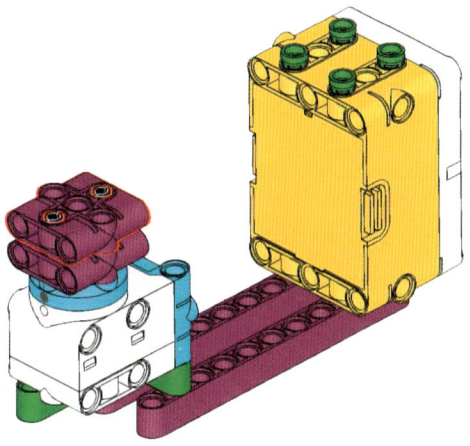
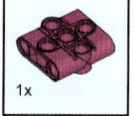
1x

조립가이드 핀볼게임

67

68

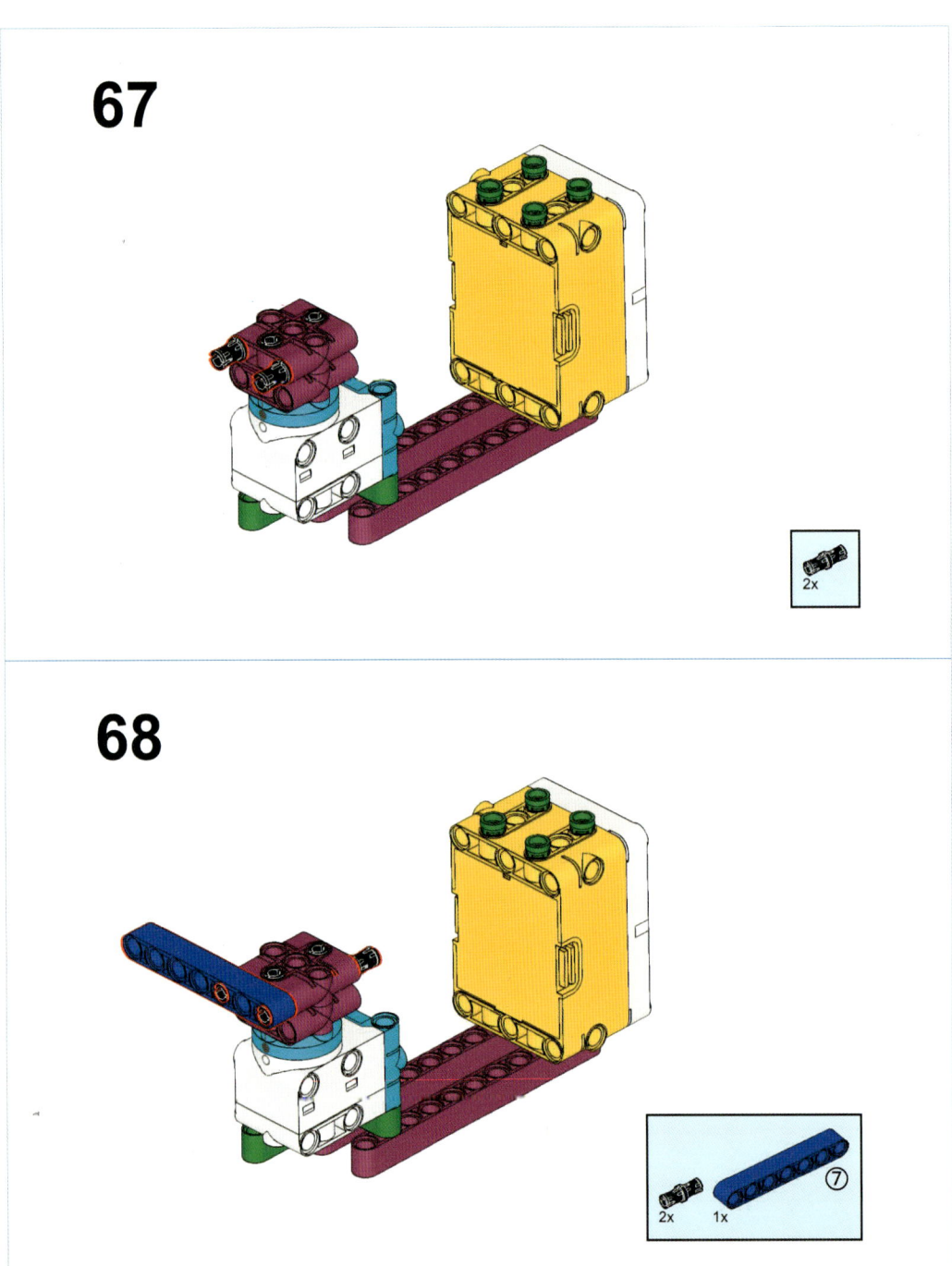

조립가이드 핀볼게임

69

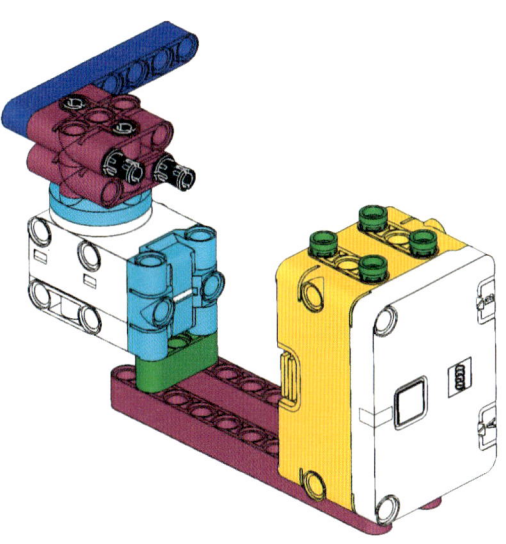

70

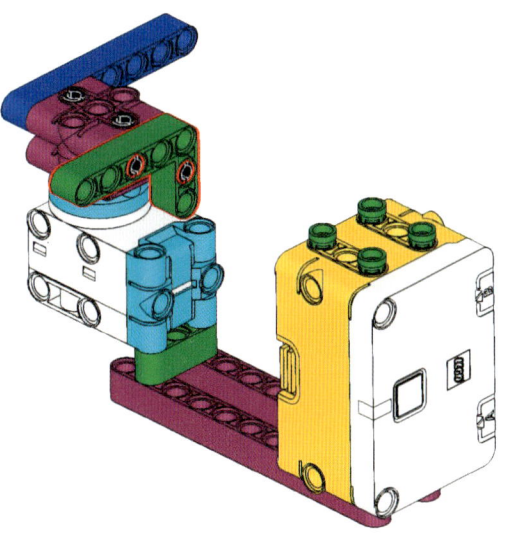

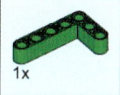

조립가이드 핀볼게임

71

72

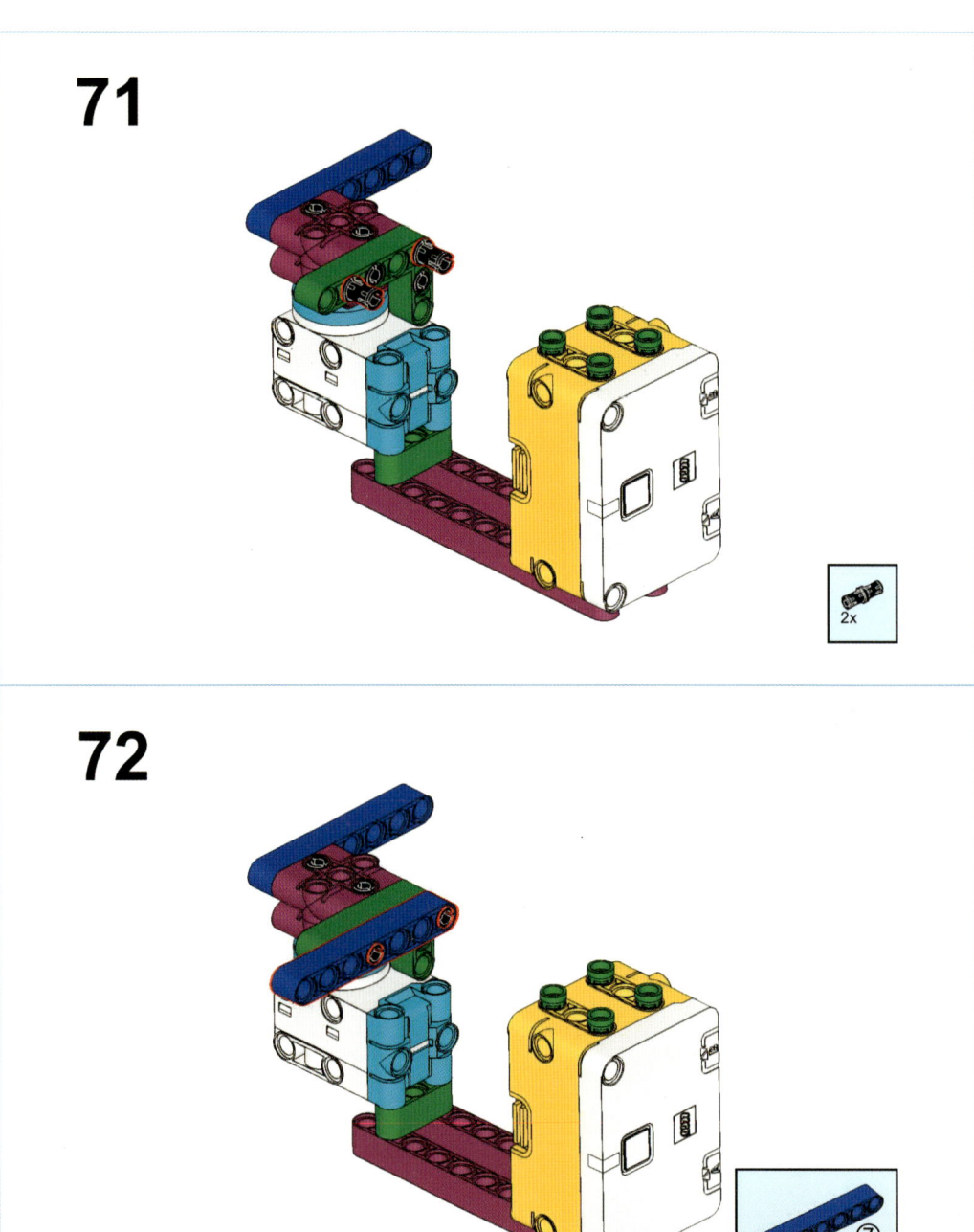

조립가이드 핀볼게임

73

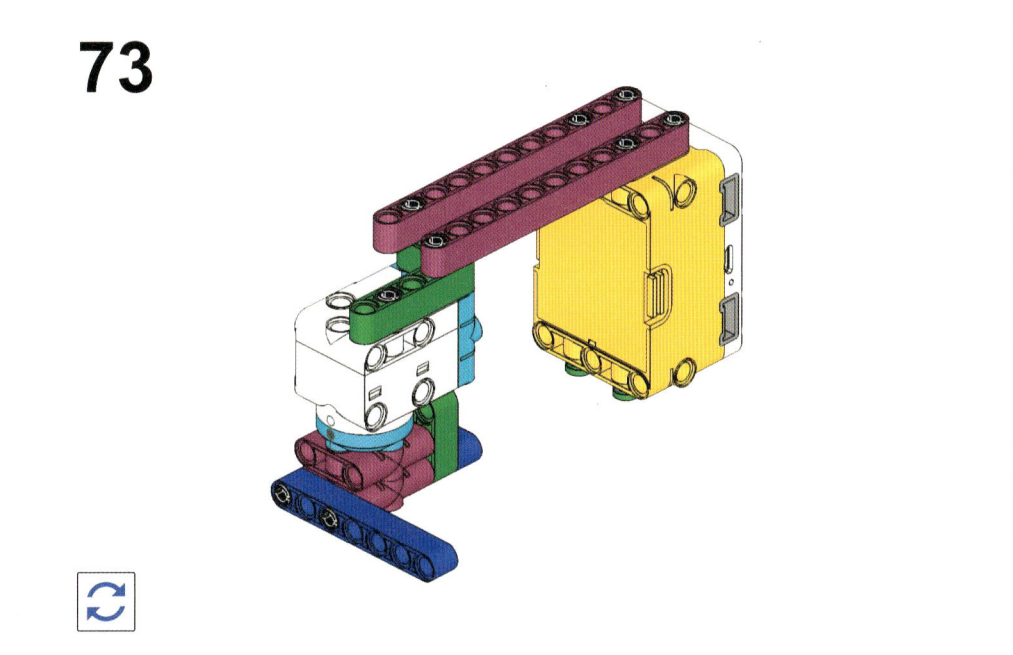

74

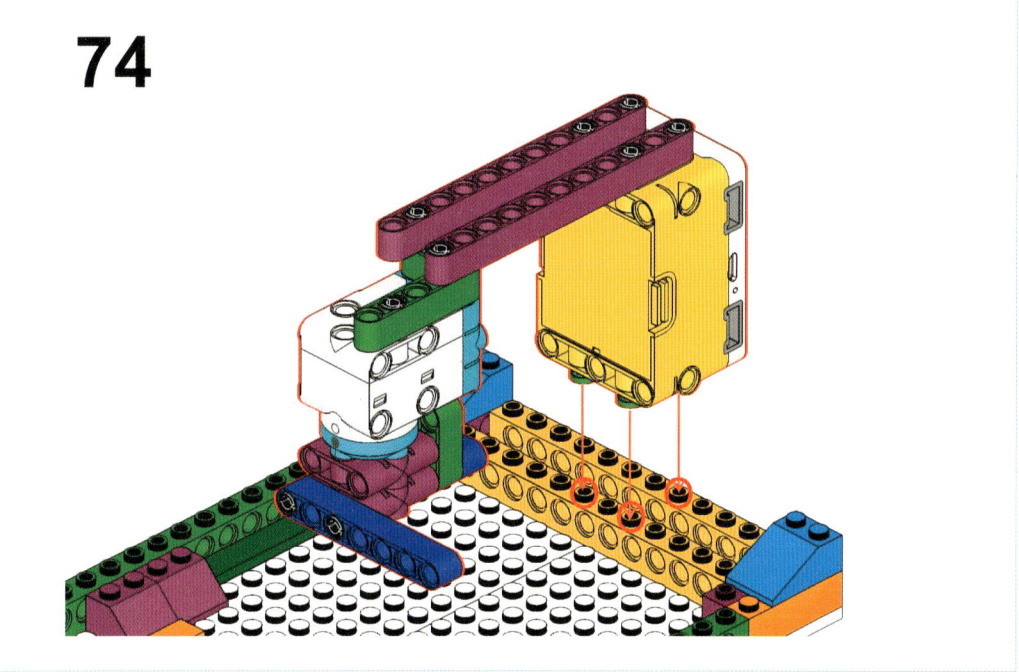

조립가이드 핀볼게임

75

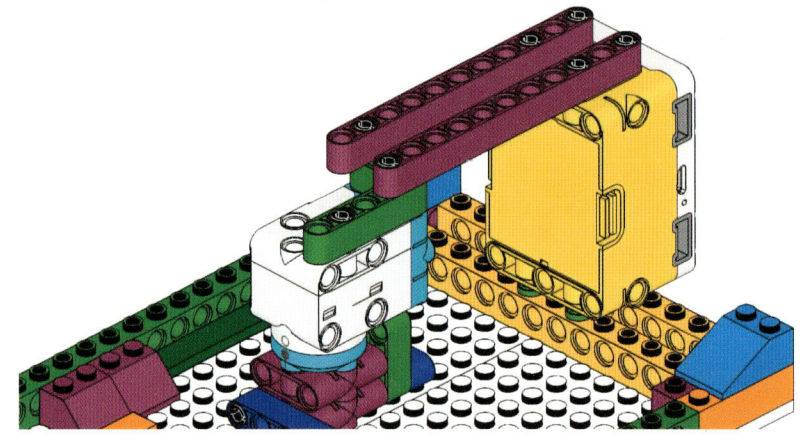

76

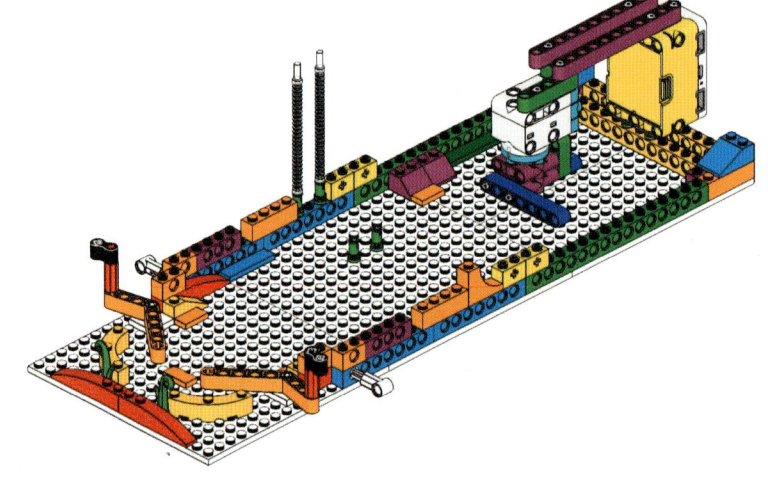

조립가이드 핀볼게임

77

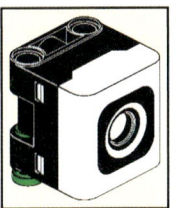

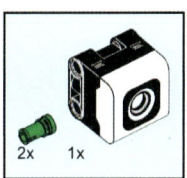

78

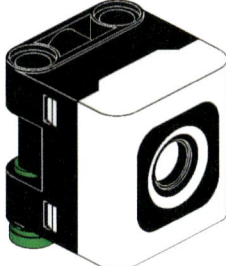

조립가이드 **핀볼게임**

79

80

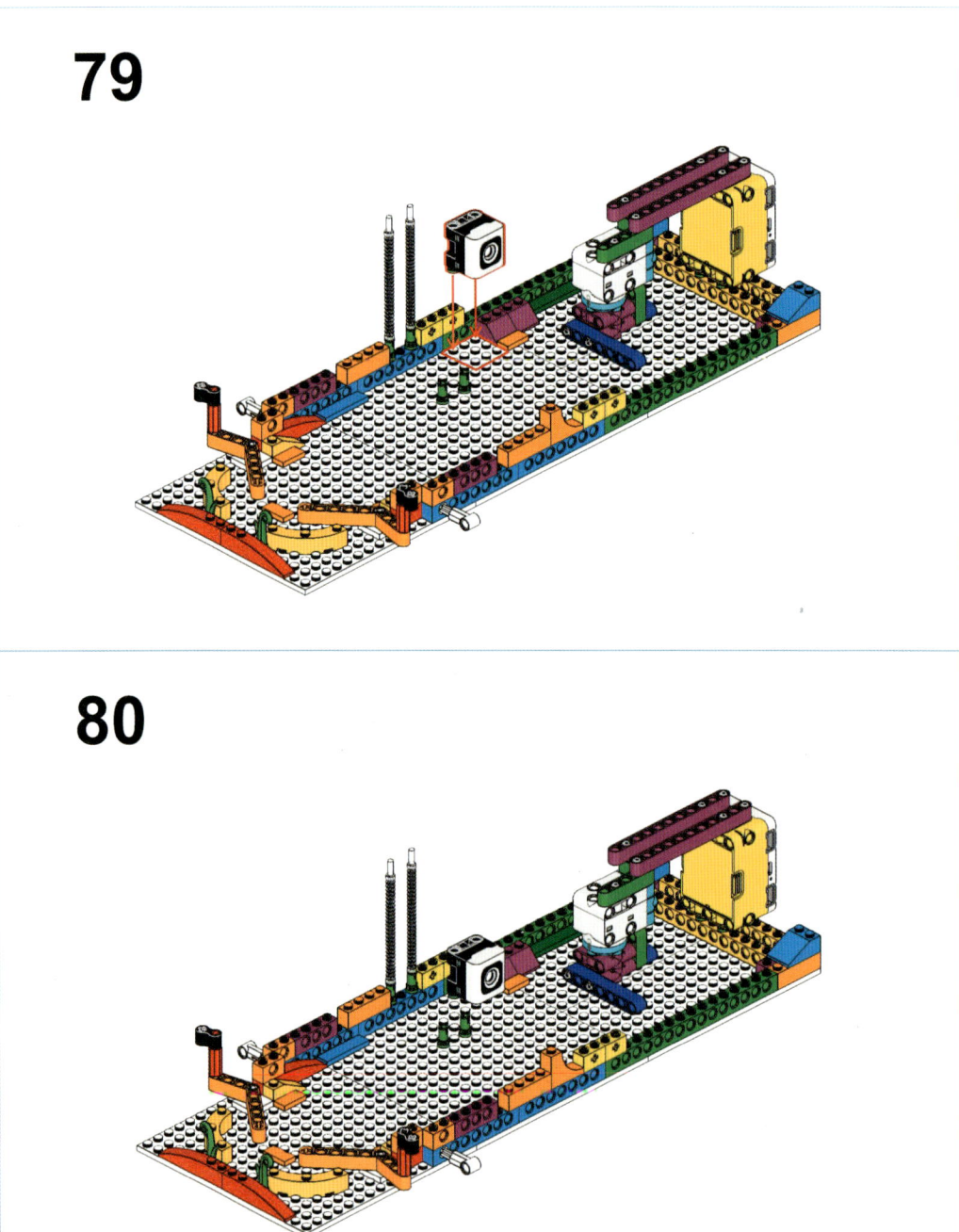

조립가이드 **핀볼게임**

81

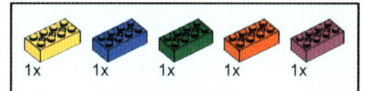

82

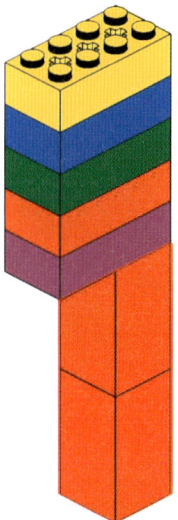

조립가이드 핀볼게임

83

84

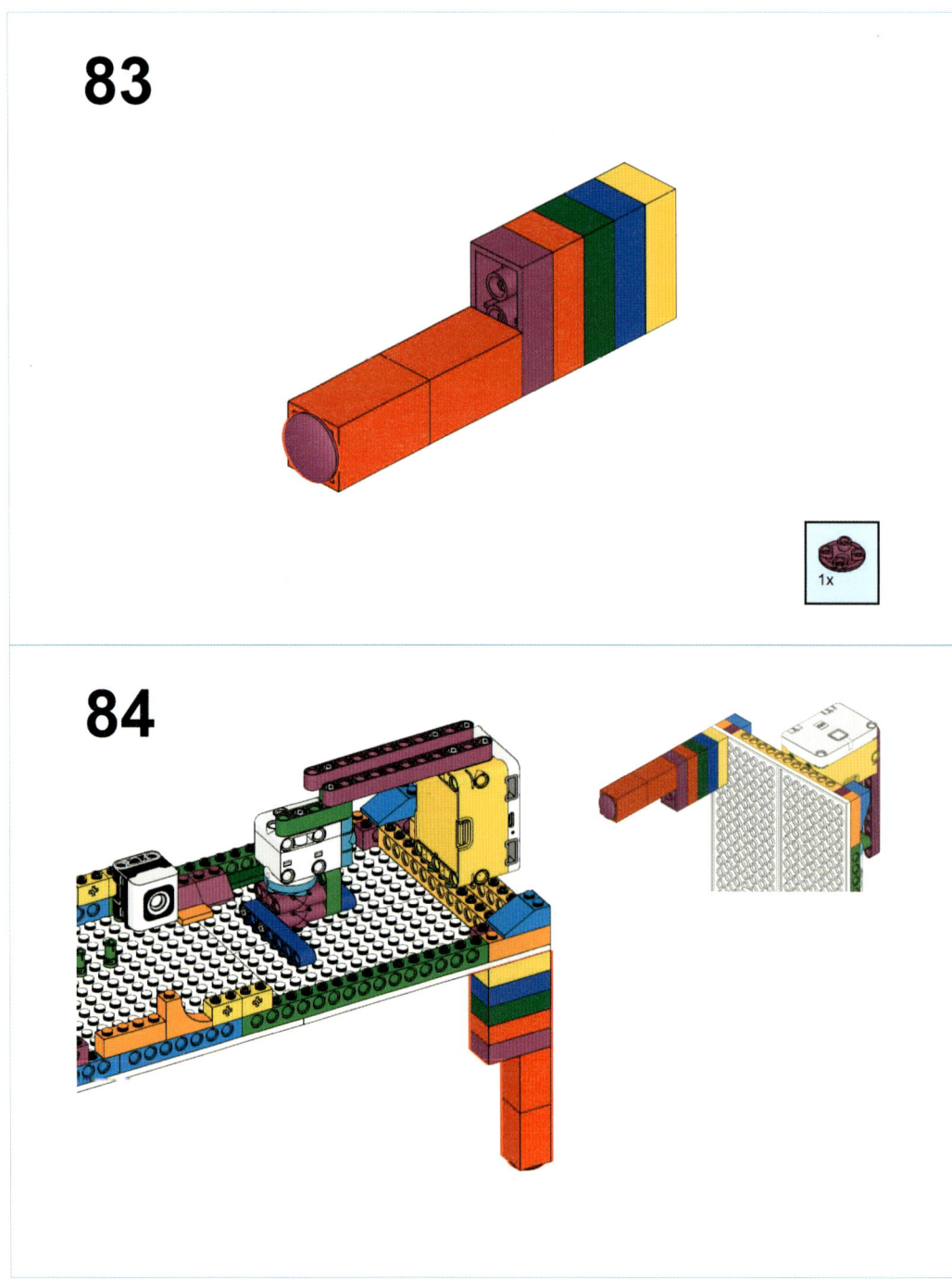

핀볼게임

85

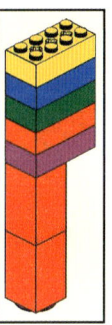 

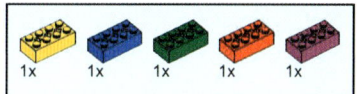

86

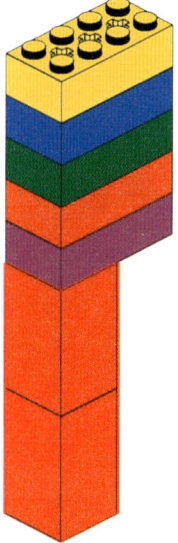

조립가이드 **핀볼게임**

87

88

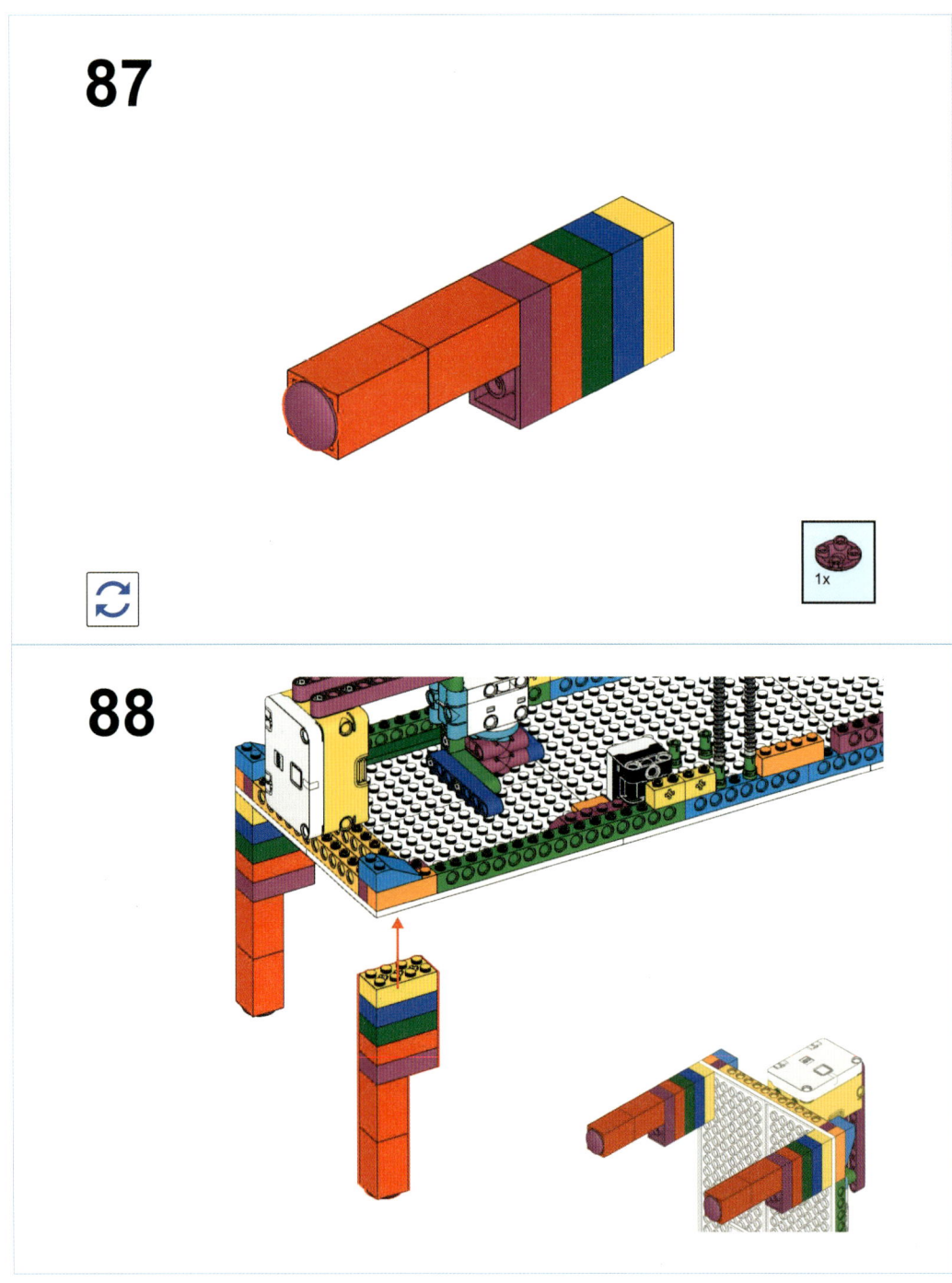

조립가이드 핀볼게임

89

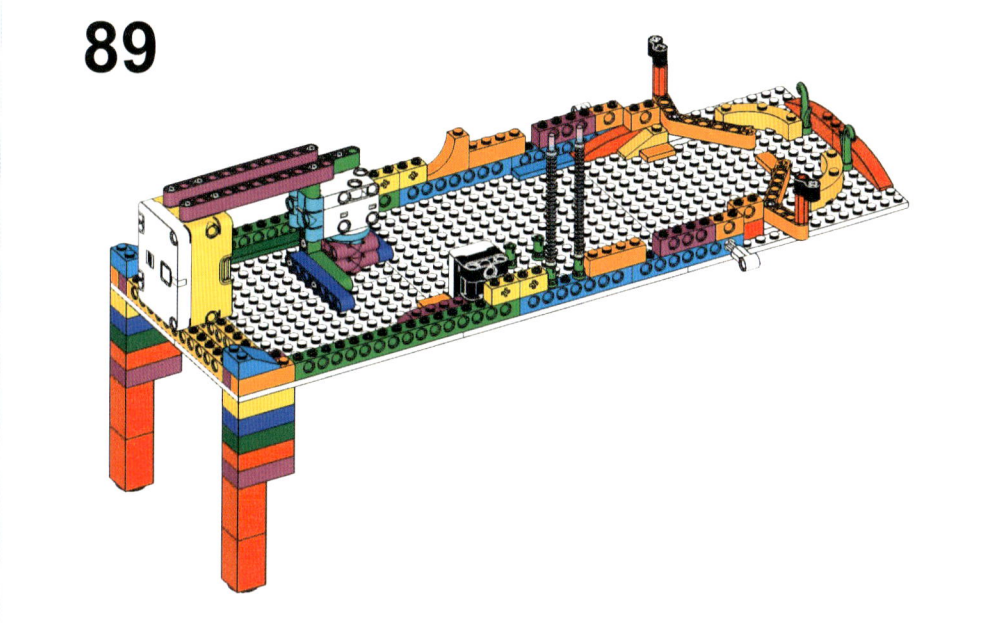

90

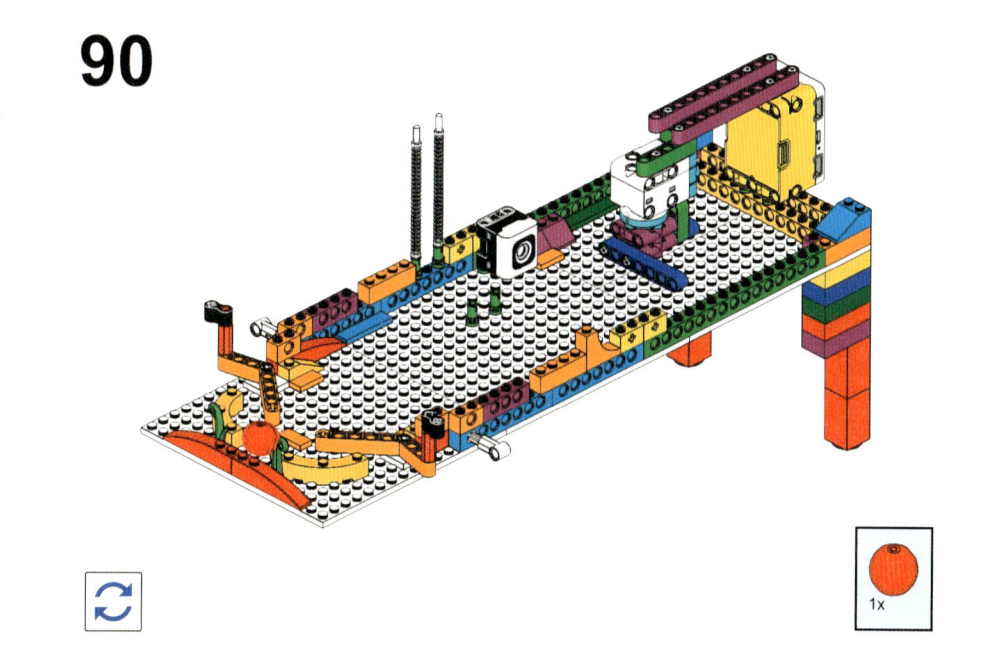

조립가이드 핀볼게임

91

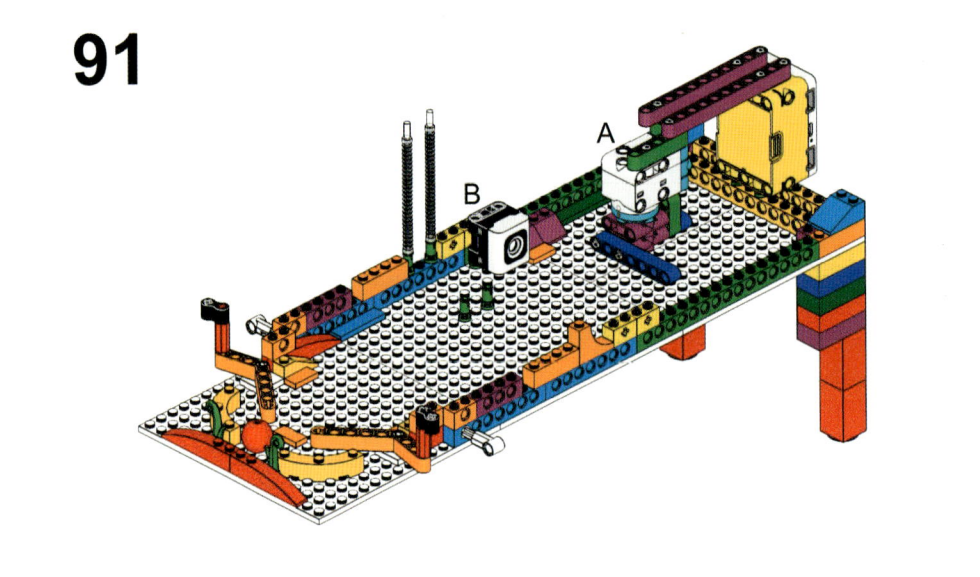

92

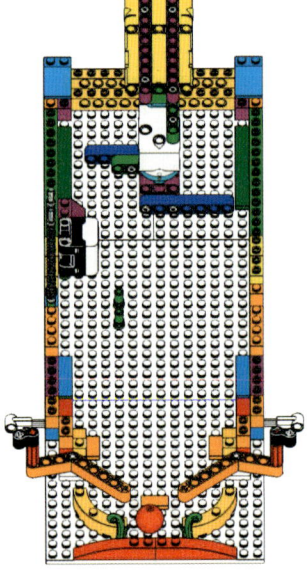

Front View

아래 예시 코딩을 참고하여 **미션 해결에 도전**해 보세요.

게임방법!

핀볼 발사대를 검지로 튕겨서 빙글빙글 돌아가는 로봇 회전팔 안으로 핀볼공을 집어넣으세요. 성공하면 5점을 획득할 수 있어요. 핀볼공이 컬러 센서 앞을 통과하면 박수 소리가 재생되고 2점을 획득할 수 있어요. 1분 동안 도전해서 많은 점수를 획득하세요. 기본 속도는 가장 난이도가 쉬운 60%로 설정해서 게임을 하도록 합니다. 게임을 하다가 핀볼공이 밑으로 빠지면 공을 로봇 회전팔 안으로 집어넣어서 다시 게임을 이어가세요.

 ## 엄마의 점수표

박수소리 재생 2점 | 로봇 회전팔에 집어넣기 5점

득점 기준	★
1분 동안 5점 획득	★ 1개
1분 동안 10점 획득	★★ 2개
1분 동안 20점 획득	★★★ 3개
속도와 움직임을 변경해서 더 어렵게 만들어서 핀볼게임하기	★★★★ 4개

★ 3개 이상을 획득했을 때 다음 단계로 이동하세요

 ## 엄마의 꿀팁

아이가 문제 해결에 어려움을 겪고 있나요?

아이가 엄마에게 도움을 청한다면, 아래 꿀팁을 활용해 보세요.

1. A모터의 속도를 조절하면 난이도를 조절할 수 있지 않을까?
2. 로봇팔의 동작을 좀 더 복잡하게 만들 수 있지 않을까?
3. 컬러 센서가 빨간색을 인식하면 환호성이 나오는데 나만의 박수소리를 녹음시켜서 재생시켜볼까?

6단계 미션에서 얻을 수 있는 교육적 성과

| 컬러 센서를 활용한 코딩 능력 | 수학적 사고력 | 과학적 사고력 | 창의력 | 문제해결력 |

MEMO

7단계 미션

나만의 행운의 문양 만들기

다음 이야기에 등장하는 '문양 그리기 로봇'을 함께 만들고, 미션 해결에 도전해 보세요.

작은 로봇이 연필을 들고, 그림을 그릴 준비를 하고 있습니다. 로봇은 행복한 미소를 짓고 있습니다.

로봇이 간단한 문양의 첫 번째 선을 그리기 시작합니다. 로봇이 웃는 얼굴을 그리기 시작했습니다. 로봇은 집중된 모습을 보입니다.

문양이 점점 형태를 갖추면서 더 많은 세부 사항이 추가됩니다. 로봇은 자신의 작업에 자부심을 느끼며, 이제는 문양이 명확하게 보이는 상태입니다.

로봇이 문양을 완성하고, 종이를 들어 완성된 그림을 자랑스럽게 보여 줍니다. 그림은 기분좋게 웃고 있는 모양입니다.

문양 그리기 로봇

다음 조립 가이드에 따라 '문양 그리기 로봇'을 조립하세요.

1

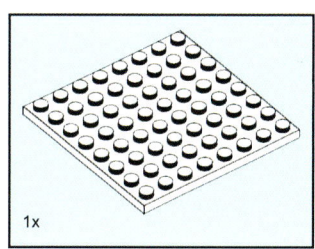

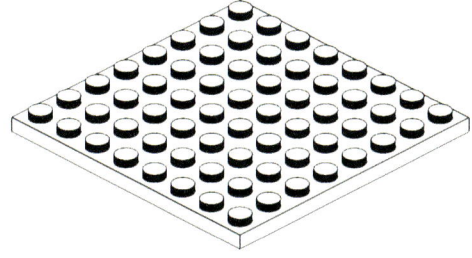

2

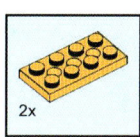

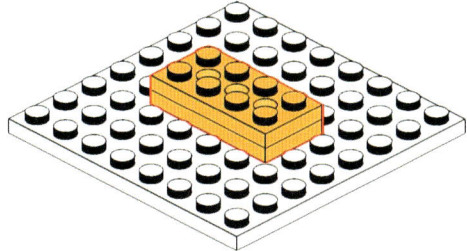

| 조립가이드 | **문양 그리기 로봇** |

3

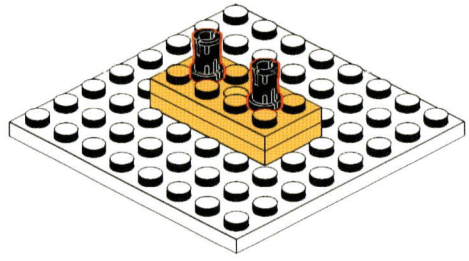

4

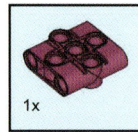

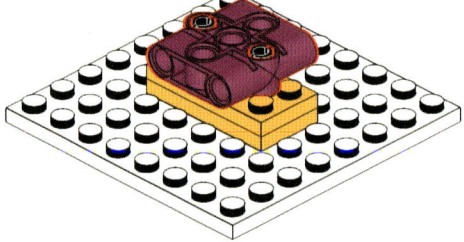

조립가이드   문양 그리기 로봇

5

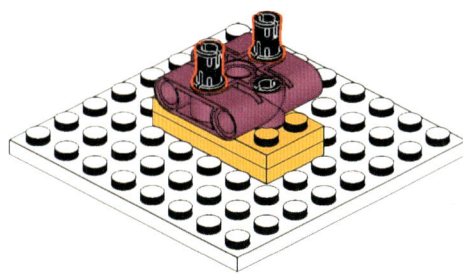

6

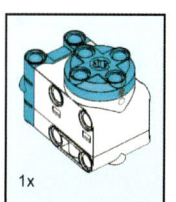

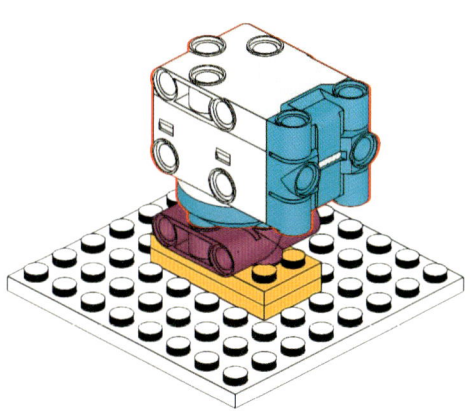

조립가이드 문양 그리기 로봇

7

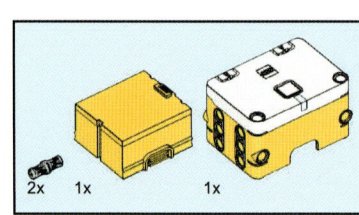

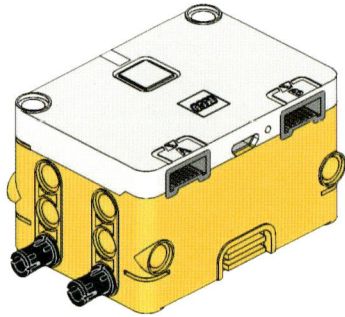

8

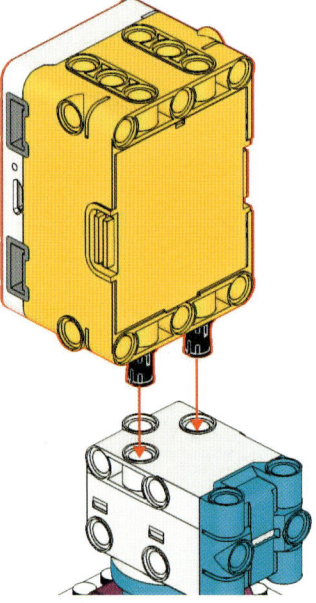

조립가이드 문양 그리기 로봇

9

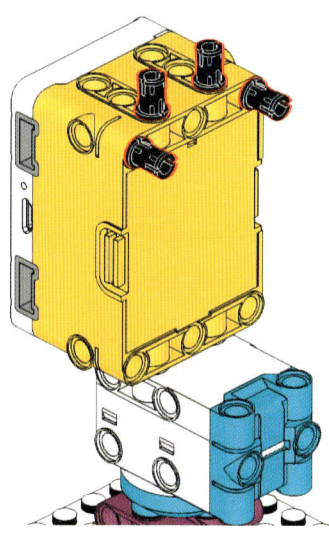

10

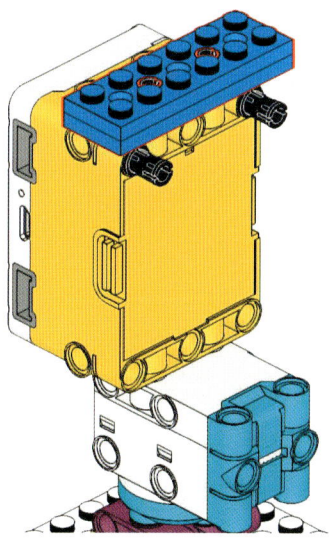

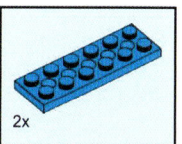

조립가이드 문양 그리기 로봇

11

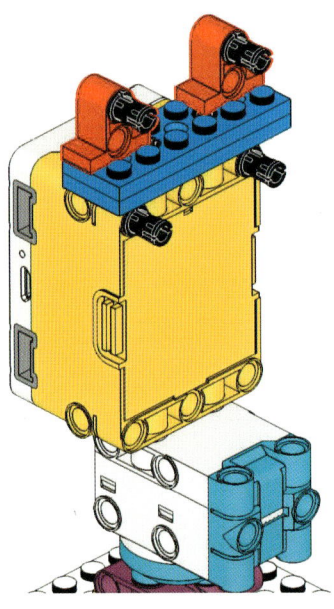
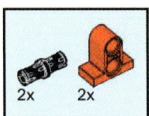

12

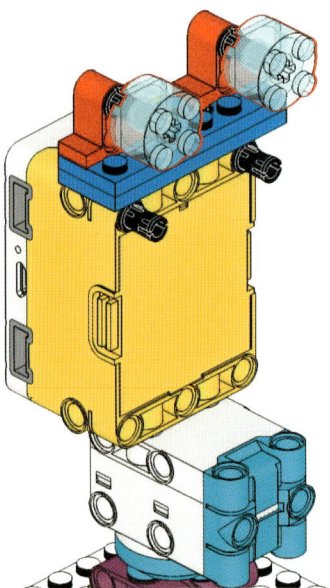
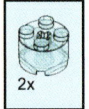

조립가이드 문양 그리기 로봇

13

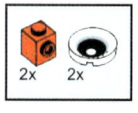
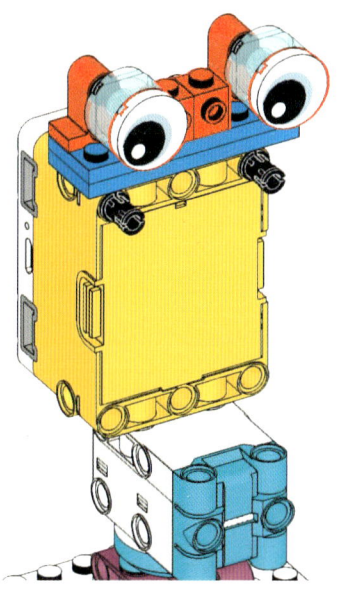

14

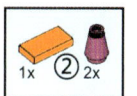
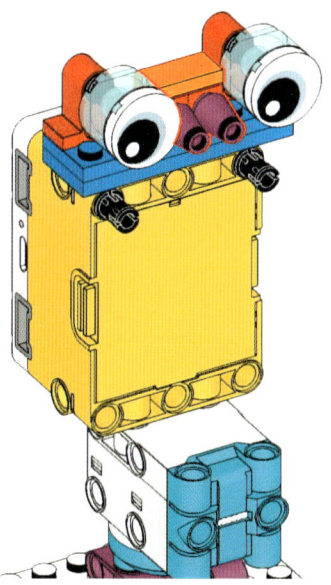

조립가이드 | 문양 그리기 로봇

15

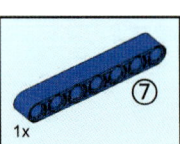
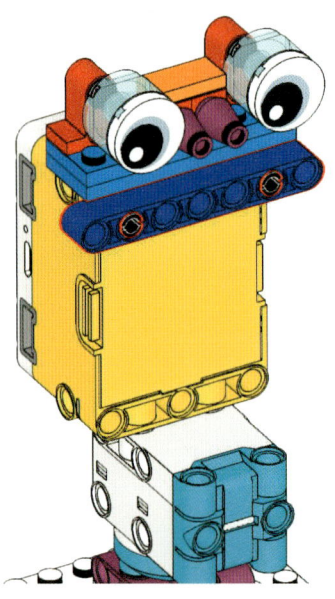

16

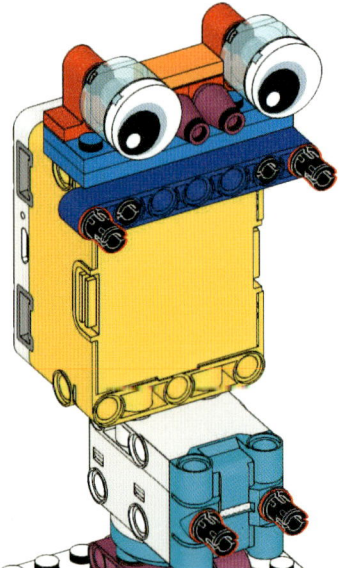

조립가이드 문양 그리기 로봇

17

18

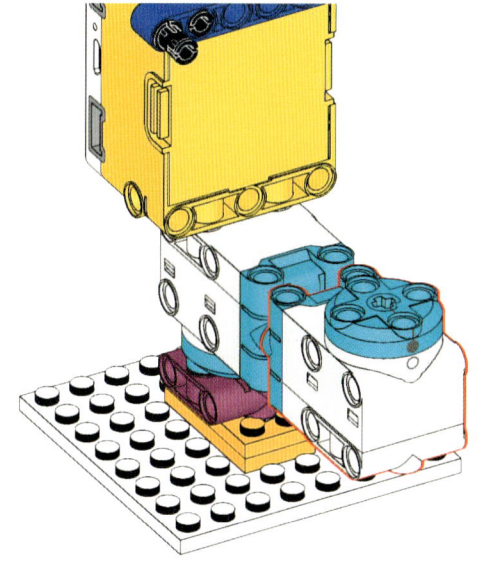

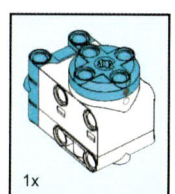

1x

조립가이드 문양 그리기 로봇

19

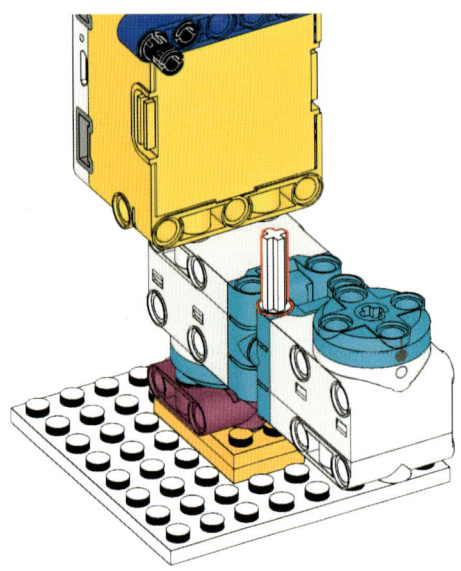
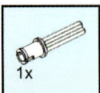

20

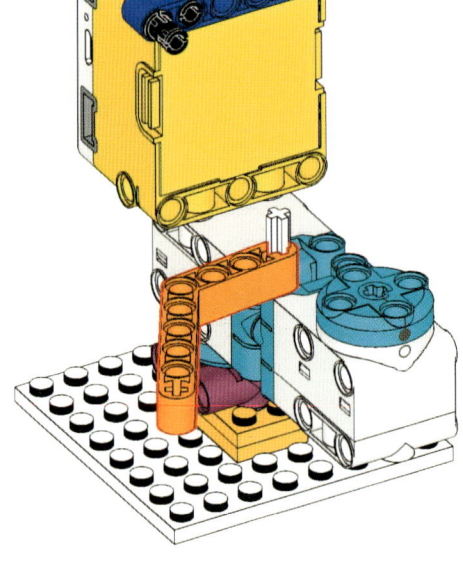
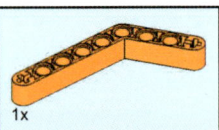

조립가이드 문양 그리기 로봇

21

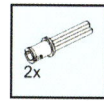

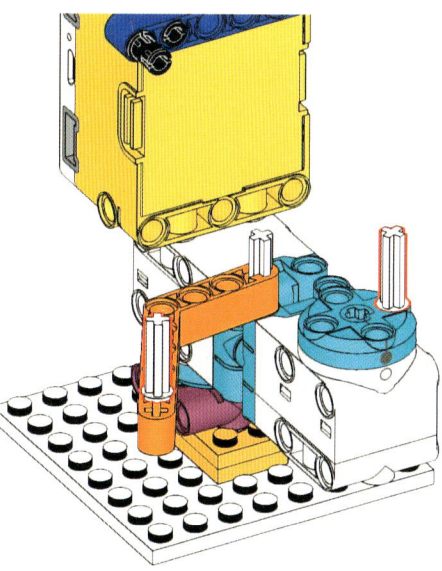

22

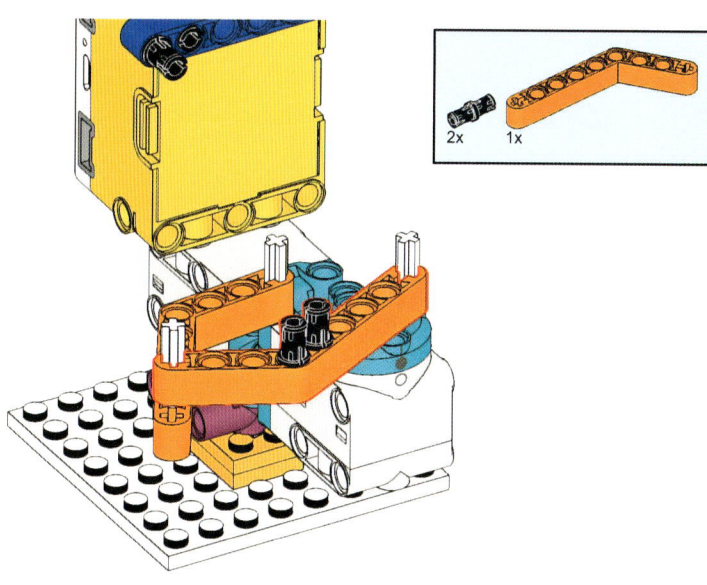

조립가이드 문양 그리기 로봇

23

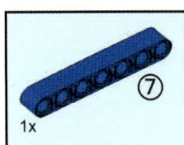
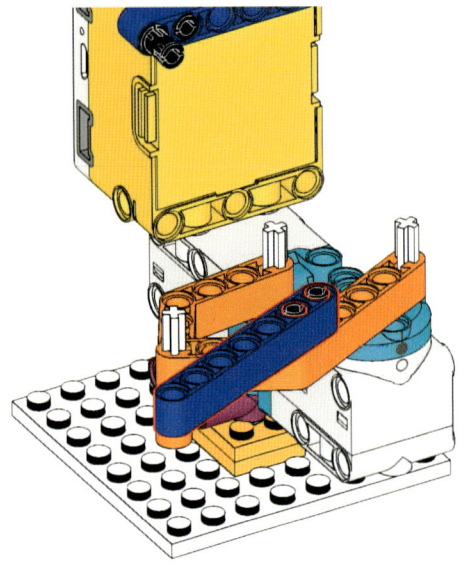

24

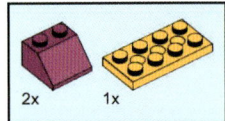

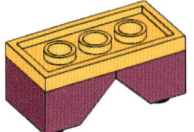

조립가이드 문양 그리기 로봇

25

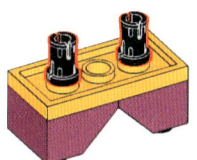

26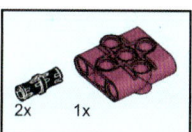

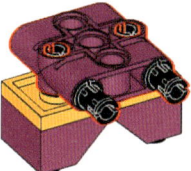

조립가이드 문양 그리기 로봇

27

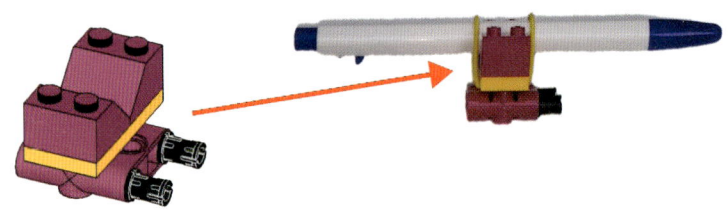

28

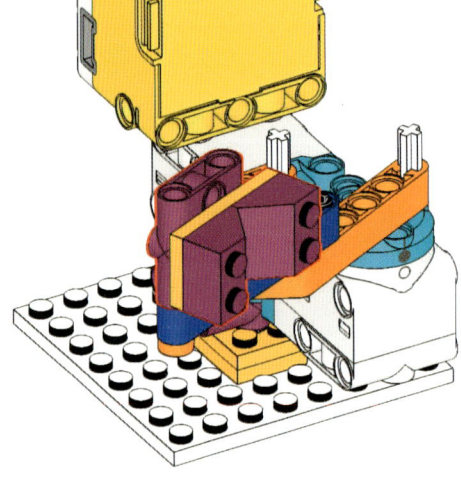

조립가이드 문양 그리기 로봇

29

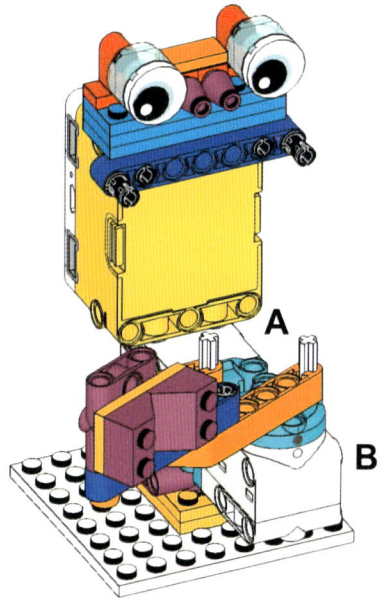

아래 예시 코딩을 참고하여 **미션 해결에 도전**해 보세요.

예시 1

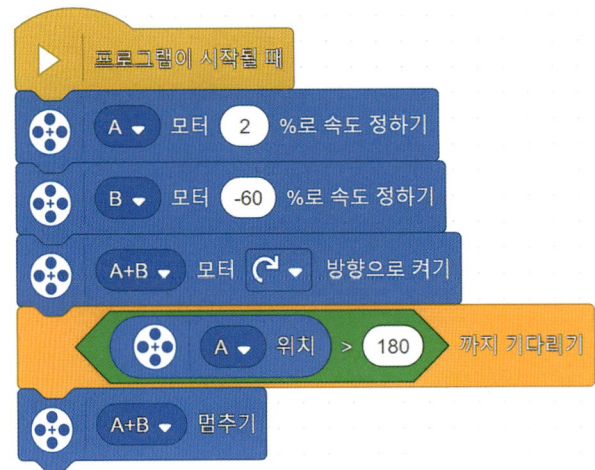

예시 2

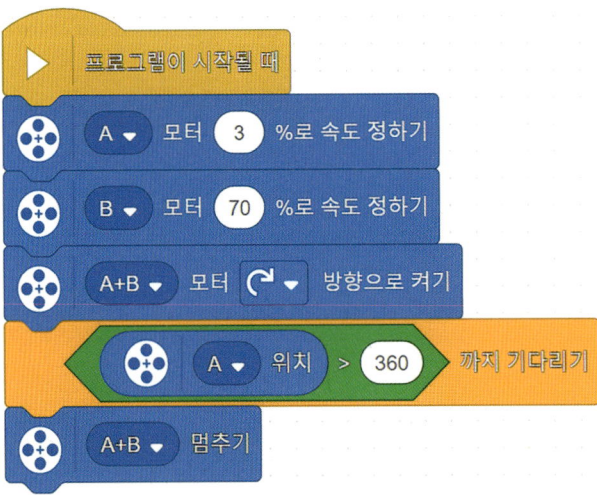

※ 코딩 시 유의하세요!

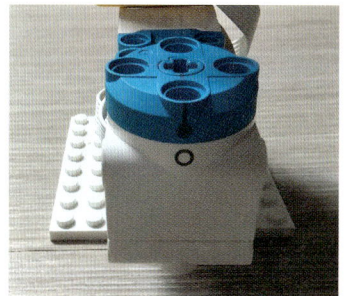

각도에서 0도 기준은 왼쪽 그림 아래 동그라미이기 때문에 매번 코딩을 시작하고 실행하기 전에는 A 모터의 시작점을 항상 동일하게 맞춰주어야 해요. A 모터는 일정 각도 이상(예를 들어 180도, 360도 등) 넘어가면 A, B 모터가 동시에 멈추게 되기 때문이에요. 반면 B 모터는 조건문이 없으므로 매번 시작점을 맞춰줄 필요는 없어요.

득점 기준	★
제시된 조립도로 행운 문양 그리기	★ 1개
코딩의 숫자를 조절해서 나만의 행운 문양 1개 그리기 성공	★★ 2개
B 모터 조립을 변경(부품을 추가)해서 나만의 행운 문양 그리기 성공	★★★ 3개
B 모터 조립을 변경(부품을 2개만 사용)해서 나만의 행운 문양 그리기 성공	★★★★ 4개
★ 3개 이상을 획득했을 때 다음 단계로 이동하세요	

아이가 문제 해결에 어려움을 겪고 있나요?

아이가 엄마에게 도움을 청한다면, 아래 꿀팁을 활용해 보세요.

1. A모터는 로봇이 360도로 회전하는 속도를 조절할 수 있어. A모터의 속도를 늘리면 행운 문양의 간격이 넓어지겠네?

2. B모터는 로봇이 그림을 그리는 팔의 속도를 조절할 수 있어.

3. A모터를 1바퀴만 돌리고 멈추고 싶으면 > 360, 2바퀴만 돌리고 멈추고 싶으면 > 720으로 하면 돼. 몇바퀴를 돌려야 가장 멋진 행운 문양이 만들어질까?

4. B모터의 팔이 되는 블록을 바꾸면 새로운 문양을 만들 수 있어. 제시된 조립도는 3개의 블록(주황 블록 2개, 파랑 블록 1개)을 이어 붙이지만 하나를 더 추가해서 4개로 만들 수도 있어. 물론 딱 2개의 블록(주황 블록 1개, 보라 블록 1개)으로도 만들 수 있어.

4. B모터의 팔이 되는 블록을 바꾸면 새로운 문양을 만들 수 있어. 제시된 조립도는 3개의 블록(주황 블록 2개, 파랑 블록 1개)을 이어 붙이지만 하나를 더 추가해서 4개로 만들 수도 있어. 물론 딱 2개의 블록(주황 블록 1개, 보라 블록 1개)으로도 만들 수 있어.

7단계 미션에서 얻을 수 있는 교육적 성과

(조건문을 사용한 코딩 능력) (수학적 사고력) (심미적 역량) (문제해결력) (창의력)

MEMO

엄마와 함께 놀이로 배우는
엄마표 코딩
첫 걸음

저자:
김창용 농소초등학교 교사
최소정 김천부곡초등학교 교사

발행일: 초판 발행: 2024년 11월 22일
발행자: 남이준
편집자: 최소라
발행처: (주)퓨너스/서울시 금천구 가산디지털2로 123 701,702호
전화: 02-6959-9909
홈페이지: www.funers.com
학습지원 커뮤니티: cafe.naver.com/robotsteam
유튜브채널: youtube.com/c/퓨너스

가격: 15,000원
ISBN: 979-11-90918-30-5 03000

* 저자 및 발행처의 허락 없이 무단 전재나 복사를 금합니다.
* 파본이나 낙장본은 당사로 연락 주시면 교환해 드립니다.